我那23天的徒步環島

台灣朝聖之路

曾建明(Mike)／著

自序

　　我這麼一個人從橫空出世，在這美麗的地球走著走著，竟也走到了50歲的年頭，我想，每個來到這世上的人，應該沒人想要活著回去吧！50歲，一個不老，但也可以隨時死去的年紀。

　　在我自己的人生這條路一路走來，說真的並不容易，從孩提時代的懵懂無知，經過青春無悔的求學階段，一直到進入社會，不斷地使出渾身解數，從一無所有戮力打拼到有車有房有一個完整的家庭，有那麼一點點的社會地位，只有天知道我付出了多大的代價，所幸在50歲這年頓悟，體認到人生的奧義其實是知足常樂，少才是多，因為人的慾壑是永遠填不滿的，索性急流勇退，畢竟大半輩子都在為別人而活，在人生責任告一段落後，是該華麗轉身，轉而多留些時間為自己而活，人身難得，自由可貴，希望從此能無拘無束，不再背負著莫須有的壓力，想要活出全然不一樣的第二人生。但退休後要幹什麼，絕大部分人不乎兩個願望：其一就是環遊世界，到處遊山玩水，但環遊世界可能需要一大筆金錢去搭建，而且這一兩年可能還要受制於疫情的肆虐，但遊山玩水就容易多了，尤其是在之前也已經去過了歐美澳亞不少國家後，台灣特有的好山好水其實一點

都不輸國外，於是乎，送給自己最好的50歲生日禮物就是「徒步環島」，其二就是培養新興趣，我選擇了走進廚房，學會了做菜，要證明自己甚麼都可以做，甚麼都可以成爲！

　　依稀記得9年前，第一次騎鐵馬家庭9天的單車環島，途經屏鵝公路上的咖啡店「三個傻瓜」（有著無敵海景很棒的一家店），和店家老闆發哥首度討論到徒步環島，當時僅僅有個概念，喔！那至少得要花上一個月的時間，而且當時路上就有碰到過正在實踐的徒步者，只覺得，哇嗚～好酷喔！萬萬沒想到，一顆種子已經在心底埋下，慢慢地發芽，直至9年後成長茁壯、再也一發不可收拾！

　　看過這麼一段話：「有時候，只要你知道想去什麼地方，就算走的緩緩蹣跚也沒關係，因爲你知道，你已經在路上了。」

　　去年底的8天橫貫武嶺給了我莫大的信心，尤其在今年228三天連假的蘇花行，眼中一直盯著領隊寶哥的隊服背後那個23天徒步環島的台灣驛站圖，更是滋養了那份雄心壯志，問寶哥超級路戰隊何時出團，結果，寶哥竟回應：暫時不會出團，但所有行程已公開於網站，有心人士可自行參考挑戰。我哪是那麼容易退縮的人，上網查詢後發現，這簡直就是公開的藏寶圖嘛！上面已經完整的規劃了每天要走的起迄點及住宿建議，接下來只要按圖索驥即可，於是，也不知那來的勇氣，心一橫，乾脆上網公告尋求一起徒步環島的同行者，哈！這下木已

成舟，想反悔也不成了！最後，有人陪走最好，但沒人我應該也會自己去。

意料之外，竟陸續地有2名過去的健走伙伴報名參加，於是3個傻瓜不知天高地厚，加起來快200歲號稱首發不老徒步團正式成軍，擇于329青年節正式出發上路了！

人生很多時候不是準備好了才上路，那可能永遠都上不了路，更多時候是先上路了再來做好準備！也不是沒有想過中間可能碰到的問題，然真理就是，一旦你真心決意要做的事，全宇宙都會為你開路！於是乎，徒步環島之路就這麼一天兩天三天順利的過去，一天比一天還要精彩，和夢想的距離也一天一天的靠近，當然也多虧了這一路上很多人情的提攜協助，讓這趟我定義為台灣徒步朝聖之路，更增添了許多美麗的風景！

因為許多的堅持和永不放棄，我和大義哥兩人最後成功了，尤其是大義哥以79歲的高齡還一度蔚為佳話，也讓這段旅程賦有更深刻的意義，難怪有人說：「所有的往復、折返、徘徊、擺渡，都是走在與更好的自己相遇的路上。」也滿懷真心的期待這條台灣朝聖之路，能成為新的亞洲健行者的天堂！

111年6月22日

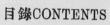
目錄CONTENTS

台北到坪林38K　新坪旅社

一一一年三月二十九日　第01天　台北到坪林38K
新坪旅社02-26656372

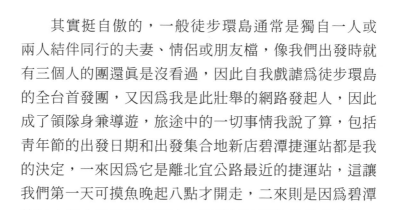

　　其實挺自傲的，一般徒步環島通常是獨自一人或兩人結伴同行的夫妻、情侶或朋友檔，像我們出發時就有三個人的團還真是沒看過，因此自我戲謔為徒步環島的全台首發團，又因為我是此壯舉的網路發起人，因此成了領隊身兼導遊，旅途中的一切事情我說了算，包括青年節的出發日期和出發集合地新店碧潭捷運站都是我的決定，一來因為它是離北宜公路最近的捷運站，這讓我們第一天可摸魚晚起八點才開走，二來則是因為碧潭的好山好水是個好的開始，畢竟好的開始就是成功的一半，這趟九百公里的路誰也沒把握能有始有終，當然，包括我自己！

　　我向來是個不喜歡遲到的人，通常七早八早便提前抵達，今天早上七點多便抵集合地，另外兩位成員63歲的小仁哥和79歲的大義哥亦相繼抵達，在互相的彼此介紹及問候寒暄後，小仁哥還貼心的拿出為大家準備的軟薑糖和花生米等見面禮耶，真是窩心！眼見三人頭頂上的裝備不一相視而笑，大義哥早在出發前一天便曾致電說，他看到一款合適的大斗笠可遮陽，問我要不要也順

便買一頂，因為我自認還不屬於老人輩因此婉拒，我說
會自行準備防護頭盔，畢竟之後有好幾天走舊蘇花公路
可以防落石，結果沒想到小仁哥覺得我們兩人說的都不
無道理，索性兩頂都準備了，頭盔外再加上一頂斗笠，
看起來實在有一點搞笑，但話說回來他才是真正有萬全
的準備的人！三人到齊後便提前信步到碧潭吊橋下留
影，小仁哥此時突然接獲一通來電，這才提起他有邀約
他曾走過西班牙朝聖之路的妹婿一起來陪走，因為我們
網站上曾公告歡迎陪走，但當下也沒十分的確定會來，
結果妹婿人此刻也抵達捷運站了，因為我們想說人員已
到齊便提前出發了，結果害他時間到從捷運站出來見不
著半個人影，請我們要等等他，但後來沒多久又來電反
悔說，如果是走北宜公路他不要，挖咧！請問還有別條
路嗎？雖然我心裡諸多問號，但就暫先作罷了，三人便
在相互加油打氣聲後正式開始我們的23天背包徒步環島
之旅。

在我的成長過程，不論是小學階段的越野賽跑，或
是當兵時期每天必跑的五千公尺，因為擅長拿捏長距離
之間的速度掌握，就常擔任主要的領跑員，此趟台灣朝
聖之路，全程九百公里，每天預計要走約四十公里，也
就是說，不算每小時休息的十分鐘以及午休一小時，如
果純粹走上八個小時的話，時速必須保持在五公里，所
以在我負責前導領頭，以時速五公里的均速推進之下，
啟程後沒多久，公路兩旁的景色便由街景房屋、巷弄喧
囂，搖身一變成為青山綠水、蟲鳴鳥叫了，好不悠閒快

活呀，腳步和心情都一起輕快跳躍了起來；終於到了第一個休息點台九15K處停留，預計休息十分鐘，卸載背包稍事休息歇腿，這時才發現大義哥的背包，竟嚴重超出我們事前約定原則五公斤輕裝的建議，他的背包加上腰包竟高達十二公斤，問他為何如此，他則面帶無辜的說實在是減不下來啊，因為這些都是他兩個寶貝女兒的叮嚀和愛心呀，心想這下可不妙了，讓我不由得擔心會不會這團不到三天就掛了，畢竟我們之前的健走經驗，全程皆有行政車的支援，背包全都可以上保母車，無須負重前行，或是雖有負重背包，但總里程也不過七十餘公里的救國團中橫健走團，當然遊刃有餘，然和這次的全程九百公里並不可同日而語，所以我面帶嚴肅很認真地提醒大義哥，若想順利完行，背包今晚一定要減重，多餘的東西看是要至超商包裹寄回亦或是直接丟棄，他似乎是有聽進去了。

　　正當起身準備繼續出發時，突然見後方竟走來一對也是徒步環島的夫妻檔，一問之下才知他們已經走了三十六天，順便轉身給我們看他們背包上大大的字寫著徒步環島第36天，數字每天都可以做更新，再走個兩天便可返回出發地宜蘭羅東，當下好生羨慕喔！人家已經接近完成夢想的環台壯舉，相形之下，我們也才剛走第一天而已，而且沒多大的把握可以像他們一樣厲害，勝券在握了，這時丈夫給了我們一些忠告，說慢一點沒關係，但既然走了就一定要走完，也讓我當下在心裡偷偷告訴自己，這趟台灣徒步朝聖之路一定要盡可能堅持到

底，後來和這對夫妻的緣分一直延續到石碇途中的海倫咖啡館，只不過那是他們是午餐地點，但卻是我們下午茶地點，另一個不同是，一路上他們是順向而走，而我多次的健走經驗則是告訴我，要面對來車逆向而行才安全，雖然人家也已安然地度過三十幾天了。

旅途上的精采程度往往取決於我們沿途的心態是否能抱持著全然開放的態度，四海之內皆兄弟，途中皆是有緣人，在台九20K附近的第二個休息點處，又遇上了第二個有緣人。只見一個看起來像女大生的年輕美眉騎著機車在我們的歇腳處附近也停下來休息，讓我一度以為豔遇來了（真是狗改不了吃屎），於是主動上前攀談，嗨！妹妹你好！你在機車郊遊喔，只見她脫下安全帽，卸下口罩之後，才發現是先前看走了眼，原來不是妹妹，她說是快六十的姐姐啦！哈哈！她說她很喜歡騎著機車到處遊玩，得知我們一行人竟是打算徒步環島很是驚訝，後來和她聊完分開三個小時後又在路上碰頭，她說她已經騎到頭城又折返回來了，還很開心特地給我們看她手機裡著剛拍攝的照片，就像許久不見的老朋友一般的熱情，看來這世上每個人都有不同的讓自己開心的方式，當然，我們選擇徒步也是！

時至正午時分，因為走路燃脂效果特別的好，所以肚子已經飢腸轆轆起來，突然瞥見一家十分不起眼的古早味小吃店，在徵詢兩位大哥的意見後，便決定入內交關捧場，出乎三人的意料之外，菜色非常的親民好吃，有炒青菜、蘿蔔湯和白飯，於是大快朵頤起來，隔壁桌

的三位大姊還熱情的分享她們點來的美味豆腐給我們吃，順便聊了幾句，吃飽喝足後便分道揚鑣，我順口謝謝其中一位大姊說：妳的豆腐真是好吃啊！沒想到竟逗得這位八旬大姊整個笑開懷，還說想當年她也是國色天香、秀色可餐之類的話，一點兒也不害臊！之後問我們要不要一起搭她們的便車，她們要去海倫咖啡館可以順便載我們一程，別開玩笑了！我們是要徒步環島的，哪能隨便上車，謝過她們的美意之後，因為剛好附近沒有適合的午休地點，於是決定繼續上路，不然通常是午休小憩片刻對下午的精神體力會比較好。

　　走著走著不一會兒，約莫三公里便到了海倫咖啡館，正猶豫著還沒走滿5K要不要在此處停留，此時大義哥義正嚴詞的說，都吃了人家的豆腐，怎麼可以不進去呢，三人相視而笑達成默契後便決定入內再續前緣，只見兩位姐姐開心的迎接我們的到來，因為她們是常客，與老闆熟識，所以，老闆見我們也與老主顧好交情，在點完咖啡冷飲後還特別招待我們一盤老燒餅，於是借花獻佛，也回敬兩位大姊，此時老大姊突然冒出一句：「嫩豆腐、老燒餅」，頓時一夥人笑到肚皮抽筋，五個人就這麼有說有笑，談天說地，一副相見恨晚的感覺。然送君千里，終須一別，生命中有些人註定這輩子要在一定的時間、一定的地點見上一面，然後，再也不相見，兩位老大姊是，那對徒步的夫妻檔可能也是，他們一路走到此地用膳兼午休，在我們先行告辭離去後，便將他們遺留在北宜公路石碇段的海倫咖啡館，接下來，

應該是後會無期。

可能是著名的產茶勝地之故，從石碇一直到坪林，沿途不時會出現製作細緻的巨型茶壺的迎賓地標，中間還經過一段規畫非常完整的自行車道，沿著河流溪畔而行，實在美不勝收，聞名遐邇的石碇千島湖也是一絕，可惜驚鴻一瞥便匆匆上路，我藉此機會把醜話先說在前頭，向兩位大哥說明，我們這趟環島之路，是以如期完成鐵馬家庭寶哥規劃的超級路戰隊行程為目標，如果想觀光風景名勝，請另行擇日再聚，大夥兒取得一定共識後繼續踏著輕快的腳步前進直到坪林。

雖說第一天僅是牛刀小試，但經過一整天近三十公里的洗禮後，說不累是騙人的，今晚的落腳處規劃是在坪林的新坪旅社，當地唯一的旅店，之前訂房時，一度還以為疫情中斷了營業，所幸電話打過去還有人接聽，老闆娘問：「你們是騎腳踏車的還是走路的？」我回覆是走路的，她說：「好辛苦喔！通鋪房算你們一個人四百元就好。」通鋪也好！順便磨合一下三人的脾氣和熟悉彼此的底細，畢竟還有剩下的二十二天要朝夕相處甚至同床共眠，很怕中間的一言不合便分道揚鑣，待實際入住後發現果然很簡陋，但整個坪林就這麼一處旅店也沒得挑，一棟看起來應該有一甲子以上的屋齡，一樓是老闆娘的住家，旅人的房間是在二樓，結果此時竟然又遇見了環島夫妻檔，他們就住我們隔壁房，真是有志一同啊，趁老闆娘一邊介紹環境，我們一邊卸下裝備，之後我便上床試躺了一下，沒想到老闆娘此時突然大叫

一聲道：「怎麼沒脫襪子就上床啊，沒規矩！」當下有點惱怒，心想啊我是沒付錢嗎，還是妳不洗床單的，算了！想說一晚才四百塊就不跟她一般見識，出門在外和氣生財嘛。

　　天色漸暗後，三人便到附近街上尋得一間快炒店，每個人點了一道自己喜歡的菜色，叫來了三碗白飯，可能是餓壞了倒也吃的津津有味，之後老闆還好意的說要泡茶請我們喝，兩位大哥便不客氣了，但我實在不敢喝，通常下午四點以後，茶和咖啡我是敬謝不敏，因為之後會睡不著覺，簡單幾句隨意的聊聊後，得知他是當地的義勇消防隊長，於是順便請教了一下他有關於明天要走跑馬古道的相關資訊，隨後帶著滿滿的飽足感，早早便回到房間休息，因為除了盥洗清潔，洗去一天的疲憊之外，還要洗衣服呢。

　　主要是為了盡量減輕背包的重量，此次我二十三天旅程的衣物主要是以短T恤搭短運動褲，全程穿同一雙涼鞋搭五趾襪，穿一套帶二套，一方面是材質透氣易乾，萬一沒乾的話，隔天早上趕快用吹風機再補強一下就可以穿了，所以原則上每天都要洗衣服，萬一哪天想偷懶不洗，至少還有另一套乾淨衣物可備用替換，三套可以輪流穿搭，除了背包外，徒步環島的另一項重要裝備--健走杖也是不可或缺的利器，跟一般的登山杖不同在於，登山杖的杖頭通常是尖的，可是一般的健走杖是圓的或平的杖頭，我個人較偏好有點像足形的平杖頭，正確的使用健走杖來輔助推進，你可以像滑雪般的節省力氣，

無論是在上坡還是下坡，無形中等於多了兩隻腳出來，或是有效的分散雙腿的力氣至雙手，使用健走杖的另一個好處是可以充當防身用的打狗棒，畢竟不管是在荒郊野外或是城市街坊，冷不防地會衝出惡犬攻擊等情事，強烈的建議徒友們可多多加以運用！

可萬萬沒想到我們的大義哥，偌大的背包裡竟帶了兩雙鞋，五套衣物，再加上女兒愛心的加油添醋，難怪背包會如此沉甸甸的，剛好利用這個閒暇空檔，在我和小仁哥的監督之下強迫降載，將騰出來多餘的物品請他明天盡快至超商寄回，同時我也趁機向兩位大哥說明本次旅費的收取方式，原則上，不論是事先以信用卡訂房，或是當天的主要餐費支出，都會由我統一先行墊付並記帳，晚上便會計算攤銷向他們收取現金，以當日結清帳目為主，所以除了接下來四天清明連續假期的熱門時段外，我都只會提前預訂次一日的住宿，畢竟我沒有事前向組員預收任何的旅費基金，萬一都先預定好，結果有人因體力不支或其他原因決定提前退出，較不易有糾紛，我這個發起人也比較不會平白的承擔額外的損失，兩位大哥都很尊重我，說一切以我說了算，之後的自由時間三人便各自檢視一下自己腳上的傷況，簡單的水泡包覆處理，小仁哥睡覺時會帶上一副大墨鏡，大義哥則是因為早先的健走團已有過同房的經驗，知道他向來比較晚睡，還會練上一段他說是香功之類的氣功，有時還會大聲播放抖音視頻觀賞好一陣後，才肯上床睡覺，而我通常是最早起的那一個，每天早上的手機鬧鈴

都設定在清晨五點鐘，萬一室友多時還會起的更早，所以理所當然也是最早睡的那一個，最後輕輕地動一動最重要的雙腿，感覺一下傷況，覺得沒事後，倒是眼皮逐漸沉重，於是睡去，結束了我朝聖之路的第一天。

第02天

坪林到宜蘭37K　富翔飯店

一一一年三月三十日　　第02天　坪林到宜蘭37K
富翔飯店03-9388386

　　說眞格的，光帶一個團去旅行，想起來就累人，團員人數的多寡以及旅程的天數更是增加其困難度，雖然這個團充其量只有三人，但畢竟成員年紀加起來快兩百歲，旅程是長達二十三天甚至不排除更久，且是最耗費體力的徒步團，任誰都應該要擔心害怕才是，更何況我並不是甚麼受過專業訓練的導遊領隊，但如果一開始我就這樣想的話，那肯定也不會有後來的如願以償了！

　　也許是歲月增長了智慧，歷練補足了專業，回想十多年前，第一次帶領公司員工去澳門珠海自由行，也是自己一手包辦，從機票到旅宿的訂定，甚至景點間的乘車路線安排，完全不假他人之手，雖然活動最後順利結束，但也因爲過程的求好心切，壓力堆疊進而導致自己旅程當晚的噩夢連連！然而這個宇宙的眞相是，所有事情並不會眞正的離去，直到它教會我們眞正該學會的，這一次，我打算學會釋然，不再鑽牛角尖，接受一切都是最好的安排，就跟這次出發前連日的陰雨綿綿，怎知出發後竟是無比的燦爛朝陽。

　　旅程的第二天，預計六點半用早餐，七點準時開

走，這通常在前一晚便會提前告知隊員，我快速的用Google maps定位出今天的起迄點，因為路況不熟須標示出幾個重要的岔路點以避免走過頭而產生冤枉路，畢竟一天已經要走這麼長的路，一步錯路也不想多走，同時看一下天氣預測，下午可能會下雨，在做完初步的掌握後，剩下的就卸下心防全然地交給上天了，往後行程的每一天都是如此！

　　一行人在超商選用自己喜愛的早餐後，閒聊了幾句昨晚睡得好不好之類的話，小仁哥還特地多準備了一條土司和果醬，以備中午不時之需，之後便出發朝北宜公路的最高點一路向上爬升走去，預計會在臨近宜蘭界碑處短暫的脫離台九北宜公路改走跑馬古道，由此捷徑可快速的進入宜蘭礁溪，這可是淡蘭古道的一部分，是早期北部淡水廳往返宜蘭蘭陽平原的重要路徑，有台灣最古老道路的美名，相傳日據時期日軍不時在此騎馬巡邏故名，是相當原始的礫石步道非常值得探索，或是走膩了公路偶爾轉換一下口味改走古道，也別有一番風味！好巧不巧，半年前我曾經陰錯陽差而造訪過跑馬古道，當時便覺得此古道沿路原始且古意盎然，有令人時空錯置的感覺，然因受限於時間因素僅走到一半便原路折返，而且方向是從礁溪進入古道，和這次從另一頭通往礁溪不一樣。人生有時候是這樣沒錯，看似各自獨立分開的事件，在不同時間軸上的點，往往隨著時間的推移，才逐漸串接起來，進而環環相扣連成一線，好像所有會發生的事情，其實冥冥之中早就刻意安排好似的。

　　我們一行人一路縱隊，人跟人之間的間距時而靠攏時而發散，端看每個人當時的專注力是否被身邊的野花野草，溪澗流水所轉移，有時甚至別過頭去，竟完全不見第二個人或是第三個人的蹤影，但終究是一個團隊，這時便需放慢腳步甚至是完全停下，稍待片刻等人跟了上來，才繼續往前，不然萬一落隊太遠，或中途出了甚麼差錯才不會渾然不知以至於狀況外；就這麼馬不停蹄的沿著美麗的山路，時而蜿蜒時而筆直地走著，不一會兒，暖烘烘的太陽公公便探頭出來，曬得大夥兒的臉頰上紅通通的，上午依然是個適合走路的天氣，隨著步伐的大步邁開，我的嘴角也不斷的上揚進而露出齒白的笑容，絲毫不覺得有半點的倦意，有的則是滿心的歡喜，伴隨著腳步聲和那心跳聲，城市已遠，人跡罕至，心也越來越奔放自由，曾經魂縈夢繫有朝一日能徹底放逐自己於那山那谷，如今，我已在徒步環島的路上，置身山林，清風拂面，不覺感動不已！

　　時間近中午時分，上午也走了十七、八公里後，宜蘭界碑終於出現在眼前，這是北宜公路的最高點，和宜蘭頭城的交界處，至此公路一路下坡，蘭陽平原呈井字型排列的稻田映入眼簾，在視野的更深處，則看見了湛藍的美麗太平洋。早期在單車環島時，縣界公園這裡還相當熱鬧，除了公廁的提供外，部分攤商還會在此聚集，販賣些熱食冷飲以提供重機騎士或自行車友休憩，但這幾年受疫情影響，現在不但車子變少了，就連攤商也紛紛關門大吉，一家不剩，原以為從這裡接上古道之

處，理應有個香腸攤什麼的可以充飢，正所謂「古道熱腸」（有點冷的笑話），後來我們決定在一處眺望亭午休，下午再行啟程，小仁哥的土司和果醬適時地解決了燃眉之急，畢竟沒東西吃就沒體力，雖然大夥兒的背包裡還是有準備些許乾貨口糧，得以解解嘴饞，涼亭上的座椅被幾隻花色不一的小貓占領，而且這些貓咪好像赫赫有名，有些遊客還是慕名專程前來，我們好心將所剩不多的糧食分享給這幾隻已有點癡肥的大貓，沒多久便在喵叫聲中昏睡而去。

　　手機鬧鈴一小時後準時響起，在一陣的伸伸懶腰，活動活動筋骨後隨即背包上肩，順著古道指引長驅直入；天空此時多出了幾片烏雲，待會兒可能會下雨，趕路是我們這一路的家常便飯，縱使是古道也不例外，然沿路上的礫石讓時速五公里的目標變的不易，但為了每天都能如期走完行程，準時在天黑之前下榻，成為我每天的主要任務，這一段路走慢了，下一段腳程便得要加快些！古道的北口是一面大石，背後寫著「金面大觀」，接著馬上穿過一片竹林，經過一段下坡的石階，小徑兩側已被等身的雜草取而代之，此時突然聽見窸窸窣窣的聲音，倏忽地由遠而近傳來，草叢內好像有甚麼東西在逃竄，原以為可能是猴子之類的動物，可萬萬沒想到竟是一隻山豬跑著跑著滾下坡來，見我們一行三人均手持棍杖（健走杖此時發揮了武器的功能），自知不敵，於是很識趣的原路連滾帶爬的跑回去，倒是也嚇出了我一身的冷汗，原來這看似熙來攘往的知名古道上竟

也暗藏凶機，危機四伏下更是快步趨前；而後經過了一處沒有花的上新花園，便來到了上次自己一人前來的折返點一跑馬勒石，旁邊是一處有著深泓池水的潭池，回想起上次在這邊，碰巧遇上兩位如花貌美的姐姐正在潭邊戲水，請帥哥我幫忙拍照，之後還一同鴛鴦戲水一番，好不痛快呀，然此時和兩位男性友人至此，竟一丁點兒戲水的興致也提不起勁，僅自顧自的繼續前行通過。

　　沒過多久果真下起雨來，所幸雨勢不大，剛穿上的輕便雨衣沒過多久旋即悶熱難耐索性褪去，淋點小雨應無傷大雅且富浪漫詩意，聽說法國人就很喜歡在雨中漫步，認為是一種天真浪漫的表現！在經過一處不起眼的山神廟後，古道的視野突然豁然開朗，可眺望遠處的龜山島，同時將蘭陽平原的美景一覽無遺，盡收眼底，前後走了約莫九十分鐘後，終於走完全程五公里的古道，總算來到了南口，真是開心！沒想到出口處（以上次而言是入口處）的行動咖啡館竟然也如期依約的出現在眼前，上次曾和以小貨卡改裝的行動咖啡館老闆有過一面之緣，咖啡一杯要價八十元，提供縱情古道者一抹清香作為短暫的停泊休憩，問老闆是否還記得我這麼一號人物，約莫半年前來到此地，曾經因為吃下更前面一點兒古道入口處擺攤的香腸之後，果真頓時古道熱腸起來，肚子開始隱隱作痛，眼看當下已忍俊不住，就要潰堤傾巢而出，實在無法走到遠在八百公尺外的公廁，老闆見我面有難色，深知苗頭不對，火速的抽出幾張衛生用

紙遞交給我，於是我三步作兩步的衝至一旁的林間隱密處，說時遲那時快，再也一發不可收拾！

經我這麼一形容，果真喚起老闆的一絲記憶，開始客氣殷勤的接待我們，先是幫我們三人同框美拍了一番，我們也點了三杯咖啡予以回敬，最後臨去前還招待了我們一行人十幾包的點心零嘴，他說多餘的可放在背包以備不時之需，這是徒步環島才有的專屬福利喔！

在順利通過古道下山進入礁溪後，小仁哥的妹婿此刻又登場了，但依然只聞樓梯響，不見人下來，說他此刻正在著名的泡腳勝地湯圍溝公園等我們，問題是那並不在我們前進的路線上，我只能再次向他說抱歉了，簡單的在便利商店迅速補貨之後，繼續往宜蘭市區推進，畢竟還有十多公里的路程要走，無法耽擱，小仁哥此時表示他可以理解的！

烏雲散去，下午的太陽炙熱起來，總算是靠近宜蘭市區了，在一旁的公車站亭作片刻的停留後，起身準備繼續今天的最後一里路時，妹婿終於出現了，只見他與友人共乘一部機車總算找著我們，之後便下車與我們一起前往位在宜蘭市區的富翔大飯店，只是他沒事先訂房，剛好今晚入住滿房，最後只能另覓他處；這家飯店也是鐵馬家庭單車環島停留的住宿點，印象中還算不錯，因為市區路況畢竟不熟且較為複雜，經過導航一番的繞路折騰，好不容易才找著順利下榻，此時感覺雙腿已快成廢材了，但畢竟今晚的飯店相較昨晚像樣多了，還算舒適寬敞，總算是可以好好的休息，慰勞一下自

己！

　　在刷卡辦理入住後，隨卽進入房間分配床位，因為我們大部分訂的是四人房有兩張大床，三個人的情況下勢必有兩人要擠在同一張床，我隨卽訂下規矩，今後的每一晚，三個人將以輪流方式單獨睡大床，大家均表同意，今晚就先讓小仁哥睡大床，我和大義哥擠一下，沒想到宅心仁厚的小仁哥竟大方表示，今晚他願意讓出大床改睡沙發，讓我和大義哥可以各自舒服的睡在不同張床上，實在是太感動了，銘感五內；之後卸下背包裝備，我便先行外出勘查周遭地形，以便晚點兒可提供兩位大哥今天晚餐可供選擇的樣式。

　　很幸運，這附近還算是熱鬧，商家的料理還蠻多樣化的，經初步鎖定幾家之後，突然一股腦兒好想吃冰，於是開始將目光焦點擺在冰品店家，沒多久果然前方有家賣綠豆冰沙的，隨卽打算上前光顧，可沒料到的是竟尚未正式開幕，不過經我一說自己是從那台北出發過來徒步環島的，老闆大方的表示願意現做提供我免費試喝，不曉得是否因為白吃白喝的緣故（呷昏，因為我還多要了一根伸手牌香菸抽），覺得它的綠豆冰沙實在好喝，簡直是酷夏消暑聖品，表示日後有機會來宜蘭，必定再次上門光顧，老闆竟也笑的樂開懷，當下覺得宜蘭人實在是相當平易近人啊。

　　稍後的晚餐，一行人則是在附近賣水餃的小吃店輕鬆的解決返回，飯店裡頭有提供投幣式的洗衣和脫水服務，甫回到房內，大義哥便表示他要到樓下洗衣服，問

我們衣服要不要也順便一起洗，反正是一樣的費用，我隨即回覆不用並謝過他的美意，因為只要是房間有冷氣空調，我只需在浴室做簡單的肥皂塗抹再以清水沖洗，之後以毛巾包覆擰乾即可，隔天通常就會自然風乾了。

　　徒步環島的第二晚，小仁哥仍是第一個進入浴室作快速盥洗的人，之後一樣帶著大墨鏡睡去，只不過今晚是委屈睡在沙發，大義哥依舊是拖到最晚才睡，而我一樣是隔天最早起床的人，三人總算慢慢熟悉了彼此的作息習慣，今晚的樓上房客是一大票國小生的畢業旅行，彷彿在睡前縱情肆意的開起狂歡派對與枕頭大戰，吵鬧聲不斷，最後好不容易才終於睡去。

第03天
宜蘭到東澳39K　東海峰旅館

一一一年三月三十一日　第03天　宜蘭到東澳39K
東海峰旅館03-9986336

　　拜科技的日新月異所賜，現代人的移動工具也不
斷推陳出新，從自行車、機車到汽車，火車、高鐵到飛
機，速度愈來愈快，也愈來愈省力，甚至於自駕系統的
問世，把行動周遭該有的專注力也給省去了，上天透過
不斷演化給人們一雙強而有力的大腿可以直立行走，卻
愈發顯得派不上用場，有些人連短短的三百公尺都要坐
計程車擺平，枉費了曾是地表上最適合長距離移動的物
種，要知道，其實腳是人的第二個大腦，一旦長期不去
使用導致退化，可能整個身體老化的更快，況且走路的
好處不勝枚舉，除了前面提到過燃脂效果要比跑步更好
之外，不論是以散步亦或是快走形式，都可以在走路的
過程中產生腦內多巴胺，使人精神愉悅，同時更富於創
意發想與靈光乍現，所以我現在的日常行動大原則是，
走路能到的地方就盡量不騎車，但話說回來，這趟徒步
環島朝聖之路萬一最後成功了，那全台灣的天涯海角豈
不都能走的到了，嗯，似乎有點想太多了！

　　旅程的第三天依約如期的揭開序幕，今天要走近
四十公里，相當接近一個完整的全馬距離，尤其是下午

以後便會進入蘇花公路，需要開始爬山路，速度可能會變慢些，也因此當睜開惺忪的睡眼後，隨即快速盥洗整裝以便一大早啟程開走，可能是當天有不少團客的關係，飯店所提供的中西式自助早餐吧，供應的時間相當早，也因此我們可以好整以暇地盡情享用，而後只見我們一行人全副武裝，手持健走仗以一路縱隊的方式整齊劃一地前進，只差沒有喊出口號精神答數而已，看來大夥兒似乎前晚都睡得不錯，之後精神抖擻地快速通過市區道路，往這一路上的主要軸線台九線方向靠攏，朝蘇澳方向前進。

　　沒多久，太陽便穿過雲層透出光來，照亮了早已甦醒的大地，蘭陽大橋一邊的鐵道上，電聯車飛快的呼嘯而過，我們在橋頭的這端稍作休息，拿起手機隨意拍攝眼下的良辰美景，此時工人正好在橋頭割草，為了避免妨礙工事，隨即背包上肩起身進入了四結鄉，再穿過了冬山河，途中經過中興文化創意園區，一旁有座唯美的小湖，上方的木棧橋正恣意的蜿蜒著，和兩手推著嬰兒車的孕婦共同交織出一個美麗溫馨的畫面；離開不久後走著走著又經過宜蘭綠色博覽會的新展址，早期曾造訪過綠博，當時的展址印象中是在更裡面的武荖坑風景區才是。

　　畢竟是台北的後花園，周遭一切的景致步調就是柔和緩慢，我們的快速移動有點顯得突兀不搭，然縱使是時速五公里的疾行，純就速度而言仍是歸類在龜速；我們仍在短暫停留休息片刻之時，才得以靜心察覺那澄澈

渠道旁的綠樹古榕，搭配著漆有明豔色彩的民宅建物，
是那麼的古樸純風又帶點高調厚實。

　　就跟種瓜得瓜的定律一樣，四小時的時間經過就能
換算出二十公里等距的收穫，我們幾乎已經練就了數學
公式般精確的本事，通常我喜歡在午休前就能走上超過
一半的里程，下午才有些許從容不迫的感覺，時至日正
烈日當頭，我們原本打算在一處公車亭午餐休息，已經
卸好裝備，卻沒發現一旁就是蘇澳新火車站，於是開心
的轉移陣地，偌大的嶄新車站，提供了完善的長椅可以
躺平小憩，飲水機設備方便補水，以及乾淨便利的如廁
環境，三個大男人這幾天下來荒郊野外的，通常是就源
扣繳就地解放，畢竟男生就是有這個好處，更何況清一
色是老男人，也沒人在乎可不是嗎？

　　下午在進入蘇澳前，迎面走來了一位相當年輕的
徒友，估計應該是大學剛畢業不久之類的，他也是和先
前的夫妻檔一樣靠右走的（我們依然是選擇靠左逆向面
對來車），一問之下，已經獨自一人走了二十六天了，
只不過他選擇逆時鐘方向環島，再兩天就可以回到台北
了，唉～心想又是一個即將完成壯舉之人，而我們竟還
遙遙無期！稍作寒暄致意後，臨別前他說了一句：「拿
健走杖走要小心喔！」

　　不一會兒我們即抵達蘇澳市區，由於中午僅以乾
糧裹腹，於是在蘇澳火車站前的小籠包店再次停留正式
用餐，想起一個月前才利用二二八連續假期參加三天三
夜的舊蘇花走路挑戰隊（簡稱路戰隊），當時我整整提

前半天就抵達活動的集合地點蘇澳，那時也是在此處用膳，還四處逛了七公里的好大一圈，因此熟門熟路，向兩位同行夥伴直誇這裡的小籠湯包好吃，裡面還擠滿了一行單車騎士，見我們仨徒步，直言佩服！

　　由於上月才來訪，記憶猶新，三人於是在下午三點整正式踏上台九丁，徒步勇闖舊蘇花，這條有著台灣最美海岸線之稱的公路（原先是台九，蘇花改通車後變更為台九丁以示區別），蘇花改台九和台九丁自此分流，部分路段共線。

　　不同的是，上次三天的行程，這次兩天就要走完，因為這是二十三天超級路戰隊的規格，半年前的橫貫武嶺八天讓我發現，其實我還蠻能走的，上月的三天蘇花團更讓我發現，我不但能走，而且還走的蠻快的，當時一路的一馬當先並非標新立異不合群，而是想測試自己到底能走多快，也因此才有信心敢挑戰這次的徒步環島台灣一圈啊！

　　此時我掐指一算，到東澳還有十五公里，至少得要花上三小時的時間，想必今天要走到天黑了，沒想到後來竟是踩高山如履平地，依然在天黑前提前達陣，畢竟晚上摸黑走山路其實蠻危險的。

　　蜿蜒直上的山路，一度還起了濃霧，小仁哥一路緊跟著我尾隨在後，倒是我們大義哥走著走著便慢慢落隊，到後來竟完全不見蹤影了，因為雖然是上坡路段，我還是走出平地般的速度，一小時走了五公里，之後便停下腳步，隨意找了一處路旁大石坐下休息，等候嚴重

落隊的大義哥靠攏跟上，眼見十分鐘的休息時間已過，依然等不到大義哥的出現，小仁哥因為怕休息太久身子會涼掉，於是先行著裝動身出發，獨留我一人繼續等候，終於在又十分鐘後，總算等到人了，大義哥此時為耽擱的時間表示歉意，並說他不需要休息，可以繼續走，因為接下來是下坡路段，於是我刻意與大義哥邊走邊聊，免得他又落隊，之後在一個大彎道的前方約八百公尺遠處，看見了先行的小仁哥蹤影，此時我身旁的大義哥突然拉高嗓門向遠方喊去，我以為在逆風情況下，距離又那麼遠，聲音百轉千迴下不可能傳遞的到，沒想到小仁哥還真的聽見了，果然是軍人背景喊口號唱軍歌出身的，雄壯威武一點兒都不含糊，小仁哥在順風的情勢下也同樣百轉千迴的相呼應，彷彿蘇花公路的整座山頭只有我們三人似的，事實上，放眼望去，整座山頭真的也只有我們三人。

連綿橫亙的山巒，一旁是景色絕美的海岸線，大自然的鬼斧神工造就出台灣東岸特有的岩岸地形，打從很小的時候就耳聞的清水斷崖更是舉世聞名，與太魯閣峽谷齊名堪稱台灣之最，這條曾經僅單向通車，路程驚險萬分的公路，先前曾單車造訪過兩次，自行開車經過兩次，萬萬沒想到最近一個月內更是以徒步方式接連兩次造訪，絲毫不覺的有一丁點膩，置身其中宛若天堂之境！

只是好景不常，走著走著，遠方已瞧見東澳小鎮，就座落在那遠處山腳下的海邊，正一步一步慢慢接近

中，上月途經此處曾被兩隻凶狠野狗追的情境，本月同樣的地點竟再次上演，走在後頭的大義哥事後描述，他因為走的太無聊閒著沒事幹，反倒高舉健走杖追著兩隻狗跑，實在是太搞笑了！大義哥雖然高齡七十又九，但卻常保赤子之心，玩性不減，是值得學習效法的好榜樣。

　　眼看離今晚的下榻地東海峰旅館僅剩六百公尺，得知小仁哥妹婿早已搭乘火車抵達，先行入住並等候我們多時，此時天空竟不慌不忙的下起雨來，我們都沒打算停下腳步來穿雨衣，因為單單卸下背包穿脫雨衣便是一番工夫，只是從容的加快腳步，怎知那雨勢竟不給面子愈發地加劇，等到三步作兩步近乎小跑步的抵達旅店時，三人均全身盡濕淋成落湯雞，好狼狽但卻又好痛快！因為距離上一次的濕身經歷，恍如隔世，早已不復記憶。

　　入內辦妥住房手續，每個人頭只要五百元，房價之便宜僅次於坪林之夜，然一分錢一分貨，事後證明當晚的睡眠品質，是旅程中二十二晚裡數一數二的糟；房客的房間均在二樓，我們是202，妹婿在201，一樓是業者和外籍房務員的房間，業者的住家在緊鄰的隔壁，進房後立馬換下濕衣，不作它想便先行覓食，旅店門口對面剛好有一家叫尤浪漢的餐館，雨勢仍沒停，心想方便就好，於是加上妹婿一行四人待左右沒車後便橫越馬路衝向對面，打算大肆慶祝一番，因為今日又是順利在天黑之前完成了任務，而且已走了三天的行程，心裡面總

算踏實了點，對於走完全程總算有了點兒信心！二話不說，當場點了一桌好菜，開了瓶酒，開走三天以來第一次開喝，好不開心！原來大家都是貪杯之人，前兩天還裝客氣，故意以茶代酒，終究是性情中人，哪擋得住酒的誘惑，此時四人高舉酒杯互乾為敬，終於如願以償，自此而後天天買醉，因為每一天的完成挑戰都值得大肆慶祝。

在好一陣的杯觥交錯，酒足飯飽後回房，分配一下今天的床位，昨兒個夜裡，小仁哥謙讓睡在沙發沒睡好，今晚輪到我跟大義哥合擠一張床，然床並不大加上大義哥又晚睡，我翻來覆去的實在是睡不著，看來真的是不習慣和老婆以外的人擠同一張床睡，更何況是兩個大男生，我終於表明自願下床睡在地上，因為也只有我還帶著睡袋備用，果真派上了用場，自此而後再也沒跟人擠同一張床睡了！

然輕薄短小的睡袋畢竟厚度不足，鋪上之後的地板仍顯得生硬，加上不知是否因酒後迷亂的關係，亦或是空調的冷房效果不彰，只覺得房間裡頭著實悶熱，竟反覆翻身輾轉難眠，縱使夜裡的外頭仍下著不小的雨，還刮起陣陣的強風，夜不成眠的我只能不時的起來到外頭抽菸，之後還跟當時尚未入睡的外籍房務員聊了起來，才說起她是印尼籍的看護兼幫傭，今年已經五十一歲的她早已當了阿嬤，平日除了要照顧隔壁住家老奶奶的生活起居外，還要負責這頭的房務接待，事情實在過於瑣碎繁忙，明兒個一早她還打算遠赴台北，與那外勞仲介

作再次的溝通協商，總覺得雇主有點不近人情的抱怨申
訴，當下的我除了深表同情外別無他法，畢竟和她也只
是萍水相逢，之後便要各奔西東，我無法像古時行走江
湖般，一旦路見不平便仗義直言，甚至拔刀相助，只能
充其量當個安靜的傾聽者，無法當那和事佬，又過沒多
久，她提醒我大門要記得鎖上後便先行進房休息了，此
時我又點上了一根菸，領略感受這風強雨驟的夜，而後
便鎖上了前門，再繞去後方晾衣場巡視了一番，檢查那
衣物有無被強風吹落，才不情願的上樓，終於甘願的睡
去。

第04天
東澳到和平38K　鳳冠大飯店

一一一年四月一日　第04天　東澳到和平38K
鳳冠大飯店03-8681016

　　一覺醒來抖動抖動，深感慶幸自己的雙腳依然健
在，因為昨晚睡在地上甚是操心，室內空間原本就不大
的四人房，深怕睡著以後，原先側弓的雙腿可能會打平
伸直，進而影響到動線，萬一把半夜摸黑起身如廁的兩
位大哥給絆倒了，亦或是自己最重要的腳踝因而被踩
傷，豈不全然泡湯，還好這一切只是多慮了！

　　然之後心裡頭可說是相當的開心，因為今天的健走
杖總算是換了個新杖頭，就像多出來的一對腳換了新鞋
般，原本的杖頭經過三天的折騰摧殘，早已磨損殆盡，
不堪使用了，還好小仁哥昨天夜裡主動割愛，願意將他
僅存的一對杖頭讓與給我，心中滿懷感激，我問：「讓
給了我，那你該如何是好？」他回說：「我沒關係，你
才是我們最重要的精神支柱，有你的帶領大家才有機會
走到今天啊！」小仁哥就是貼心，當下的我也只能欣然
接受了。

　　大夥兒著裝完畢起身上路，小仁哥的妹婿依然留在
房間不為所動，不知道他接下來的打算如何，但我也沒
打算知道，畢竟每個人都有權利選擇適合自己的旅行方

式，我們一樣在最方便的超商解決了各自的早餐，我依然是奶酥麵包，大義哥一樣是御飯糰，小仁哥仍愛吃茶葉蛋，先前我還打算趁著徒步環島，荒郊野外不甚方便下，乾脆順道把菸給戒了，沒想到不管走到那兒，方圓十公里內必見超商的蹤影，在台灣的任一角落，密集度之高簡直令人瞠目結舌，事後證明，一切還是多慮了！想戒菸，下次再說吧；此時見超商內有一名方才趴睡剛醒過來的年輕人，一聊之下這才得知，原本他們昨夜受託要在附近海灘舉辦通宵狂歡派對，在燈光、音響、場佈等一切就緒後，竟開始刮起陣陣強風，精心策畫的一切頓時付諸流水，不得已只能被迫取消，連夜拆除，搞的一整晚沒睡，晚點兒要搭最早一班火車離開，看來昨夜的那場莫名風雨壞了不少好事！雖然我們昨天的最後一哩路有淋了點雨，但老天爺今天還是很賞臉的給了一個好天氣，雨總算停了！

　　由於明天過後緊接著的四天連假即將登場，心想除了今晚下榻地的預訂外，索性把四天連假的住宿安排一併給事先訂妥，然都僅先預訂兩人房，屆時再行加床或換四人房即可，否則花東向來是台灣人連假的熱門景點，萬一到時候客滿可就不好玩了，沒準可要睡在火車站，果真是烏鴉嘴沒好話，去電預訂結果，第五晚預計入住的新城上豪民宿已滿房，第六晚的鳳林有情天地民宿本館也已爆棚，需要住到相差四公里之遠的二館臥農居，還好第五晚後來自行透過訂房網搜尋到附近的另一紫園民宿，至於第六晚二館的四公里落差有點惱人，因

爲雖然前一天可少走四公里，但隔天可要走上原本的40再加上4共44公里，那可是超過一個全馬的距離，光想的就累人啊！但也沒法子了，這時候只能安慰自己，船到橋頭自然直了。

離開東澳後沒多久又切進蜿蜒的山路了，但美麗的海岸線仍如影隨形的緊貼在側，遠處可以看見馳名祕境「粉鳥林海灘」，包覆海灣的大海，是漸層的奶藍色，既神祕又夢幻，天晴時會顯得翠綠些，和一旁有著湛藍顏色的深海，正爭奇鬥豔的相互較勁著，讓我回想起上月的蘇花團，提前大半天就抵蘇澳，閒來沒事想四處走走看看，見手上導覽地圖的最下方處，標示著一鳥園之類的景點，竟誤認爲是知名的粉鳥林，企圖妄想在那晚上集合時間之前，打算先行徒步一回一探究竟，途中還問了一旁馬路邊的婦人粉鳥林離這兒有多遠，只見那婦人不慌不忙地操台語回覆著：「不哩啊遠喔！」（很遠的意思），還好迷途知返，僅走約四公里處便行折返，事後才得知蘇澳鎮有那麼大，當時縱使走上個一天一夜也不會到粉鳥林，實在是無知又可笑！

再往前一點兒的烏石鼻，此時像只高舉的手臂，義無反顧的往大海深處極力伸展著，直到氣力放盡始肯沒入海中；一行人走著走著，只見那烏石鼻從原先的前方處，隨著我們邁開的腳步，逐漸貼近過來再慢慢隱身於後，不久公路便向內急切，在山中繞行數小時之久，最後經過幾個髮夾大彎，約莫十點終於抵達南澳，打算在知名南興冰店休息一下，吃冰解暑；這家有著特殊香

氣，口感甚佳的冰店，早從九年前第一次單車環島時便一路光顧到現在，最近一個月更是已在這家冰店涖臨兩次，沒想到天不從人願，今日竟沒開門營業，只好作罷，轉向對面同樣知名的建華冰店作首次的光顧，同時等候兩位大哥的陸續抵達。

再次上路出發前，我還特地繞去南澳車站買了當地知名的胡椒餅給咱仨解饞，雖然此刻離中午用餐仍有段時間，此時兩位頭戴斗笠的大哥走進一家販賣雜貨的商家購物，因為昨日風勢特大，斗笠的繫繩已有些鬆落，因此又處理耽擱了好一會兒才正式上路。

一處下方標示著「武塔部落」的磚牆此時吸引了我的注意，上頭刻畫著部落青年手舞足蹈的圖騰，朝山裡更深入一點兒，則出現通往「那山那谷」的告示立牌，好美麗的名字喔！原來是泰雅語「我的家」的意思，只見眼前這世外桃源正被群山包覆、溪水環繞，事後才得知那是一處知名景點，後來逐漸發展成露營勝地；行進的過程中，三人間的距離有時拉得很遠，很長的時間，是孤自一人踽踽獨行於天地之間，萬物寂寥，於是乎，走著走著便自然而然的開啟了與自己靈魂的對話，企圖和過去苛責的自己握手言和，期盼得到救贖，曾經以為人生的目的，就是努力攢錢存錢，然後去更多的國家，開更多的眼界，有「鵬飛萬里去，回顧眾山小」之志，然汲汲營營，兜兜轉轉一大圈後，卻是「誰知天外人，猶嘆籠中鳥」之慨，原來，宇宙之間根本浩瀚無垠，一味的向外索求將永遠得不到滿足，只有找回初心、回歸

本來面目才是根本究極之道。

　　曲折蜿蜒的山路肆意的向前一路延伸，不知何時開始，那遼闊無邊的海洋又出現在身旁緊鄰的懸崖峭壁下，我停下腳步，沉溺醉心於眼前的海天一色，阿妹的成名曲〈聽海〉此時突然於腦海中響起，我隱約聽見了海哭的聲音，鼻子一酸竟眼眶泛淚，我承認自己情感過於豐富，是個眼淚很多的男人，常因一部感人的電影情節而熱淚盈眶，亦或是因一首動聽的旋律唱進靈魂而悲感交集，此時只能刻意的瞪大眼睛，強忍住淚水免得就要奪眶而出，畢竟男兒有淚不輕彈，大男人的總不能是個愛哭鬼吧！。

　　此時回頭望去，大義哥和一旁車內的兩個遊客正熱烈對話著，我對這情節早已見怪不怪，因這一路上已不少人均對眼前這位長者紛紛感到欽佩不已，一般情況下，要是路上撞見這麼一個背著沉重包袱、拄著助行拐杖的老人，通常是報以憐憫同情之心，只盼上前扶他一把，可偏偏眼前這個老人倒是精神奕奕、神采飛揚，再聽聞其實是徒步環島的勇士，只差沒跪下來膜拜獻祭一番了，現下這兩位遊客也自是不例外，欲以車內的兩大瓶可樂和數包零食相贈，只見我們大義哥拱手致意，回覆實在是背包太重再也不堪負荷，這才繼續前行走了過來，此時的小仁哥嚴重落隊，但仍看的見人影，猜想應該是被那沿途的海上美景吸引，忙著拍照給耽誤了，也因為他不斷的上傳美圖至兩年前救國團中橫健行的賴群組，同群組夥伴的心也跟著被搔的癢癢的，終於有兩位

表態，願意在環島的第21、22天新竹段前後加入陪走的行列，我趕忙回覆表示歡迎，只要這團沒提前陣亡的話，看樣子我們這個全台的徒步首發團是愈來愈顯熱鬧了。

　　時間繼續走著，早已過了午時，此時覺得肚子餓了起來，我一邊搜尋著導航，同時放慢速度藉此收攏隊伍，這才發現此處竟前不著村後不著店，距離最近的合適休息點「觀音石」也仍有7公里之遠，因此當機立斷，決定于前方明隧道的避車彎空地午休，大夥兒均表示沒意見後便卸下行囊，隨手掏出可供充飢的口糧，各自囫圇吞棗一番後，打算小睡一下，我和大義哥皆憑靠著護欄席地而坐，閉目養神，沒想到小仁哥竟直接躺平下來，大字仰天而睡，一點兒都不怕給身旁呼嘯而過的車輛輾過，有夠霸氣的！

　　下午啟程沒過多久，便順利來到觀音石，那是一處拱形屋頂的建物，裡面擺放著一顆半斜躺的巨石，石頭上畫有以藍色為背景的觀音像，可供旅人祭拜或休憩景點，對面的山谷隱約可瞧見兩段像是輸油管的東西，平行並列在兩山之間，原來是連接兩個隧道口的人造隧道，新造的蘇花改有兩個長隧道：分別是觀音和谷風，各自約8公里和4公里，兩處隧道口相距不遠，因此透過60公尺長的人造隧道——鼓音橋，將兩隧道合而為一，企圖媲美總長12.9公里的雪山隧道，但最後仍小輸三百公尺淪為其次，我半月之前才首度開車經過，但一丁點兒都沒察覺到，中間有這麼一小段的60公尺曾開口見

天，唉～只能說人真的是很愛比拚，竟連這也要。

　　過了下一個彎道後，遠方和平電廠已清楚可見，目視直線距離應不超過五公里，令兩位大哥天真的以為今天的目的地快到了，索性一股腦兒將水壺裡所剩無幾的水一飲而盡，殊不知，導航顯示距離下榻旅店還有十幾公里遠，只有我清楚還得留兩口水，接下來的一路上，他倆也只能望梅止渴了。

　　感覺好像打從南澳開始，就沒再見過那便利超商了，我們一路上最重要的補給站，因為食物和水都不可能多帶，只是徒增背包的重量而已，方才的午餐也只是簡單以餅乾裹腹，好不容易在饑渴交加下終於行抵漢本車站，站前立有一塊刻著「百里分」的大石，因是早期百公里長的蘇花公路中點故名，一如人生百年，我竟已蹉跎半生，於是三人見狀立馬衝進站內，試圖找到飲水機設備補水，可萬萬沒想到，這看似再簡單不過的小小心願竟也意外落空，偌大的車站內沒有飲水機也無販賣機，逼不得已，只能走到一旁的洗手間盛水漱口解渴了，入內休息之際，至少有冷氣吹涼，我開始講起兩個故事給兩位大哥聽，都是上月的蘇花團行經此地所發生的事，只見他們豎起耳朵，聽我娓娓道來。

　　我指著一旁的辦公室說，裡面的副站長相當年輕，至多三十上下，上月的蘇花團一行共十六人徒步行經至此，只是在車站外歇腳休憩，都還沒進到這站內大廳來，我們裡面這位年輕有為的副站長好大的官威，從辦事室走出來便是一陣連珠炮的劈頭大罵，說我們沒經過

活動申請怎能擅用車站外空地進行群聚，還使用麥克風擴音設備，當時一行人被罵的丈二金剛摸不著頭緒，我還一時氣憤地痛斥「官僚」二字予以回敬！只有寶哥還沉得住氣，上前致歉示意方才解圍，唉～沒想到台灣的公僕竟還有這等高傲的服務態度，也算是大開眼界了！

　　之後又指著站外前方設有管制用的鐵製柵欄說，上月我在前方數公里處走著，突然有一飛車疾駛而過，速度破百，且彎道完全沒有減速，絲毫不怕翻車，過了約莫30秒，後方警笛聲大作，接著一輛警車通過，感覺用更快的速度追趕上去，原來是警匪追逐戰，漢本車站當時亦設下攔截點，鐵製柵欄升起加入圍捕，沒想到歹徒反倒加速，直接衝破柵欄後揚長而去，所幸被隨後趕至的警方追上，成功圍捕，並將歹徒壓制在地，地上還留有長長的煞車痕跡，晚一點這事還上了新聞，原來是偷電纜大盜啊！好了！故事說完也該繼續趕路了，車站前方不遠處有一近沙灘的海洋驛站，裡面設有超大型的盪鞦韆可供遊客玩耍，面朝大海使人有種往海中盪入的錯覺，但並不確定是否有供水的販賣部，因距離馬路仍有兩三百米遠，在口渴和腿酸之間陷入兩難時，終於兩權相害取其輕，於是放棄作罷繼續前行。

　　原本順著海岸線而走的公路，此時竟又拐彎繞進山裡去，行經一處旁邊的山壁整面裸露完全沒有植被，光凸凸的，顯而易見曾發生大面積的崩塌，但已做過初步的工事補強，只差還沒鋪上防落石用的綠色圍網，約莫半年前，我曾在中橫路段，親眼目睹那些冒著生命危險

的部落工人，從百公尺的高處僅以繩索吊掛垂降，進行圍網鋪設作業，稍有不慎即粉身碎骨，當時替他們捏了把冷汗，那是一個每天都在跟死神搏鬥、十分辛苦的工作。

　　整整拐了好大一圈山路後，終於進入一處約八百公尺長的隧道，甫出隧道口，公路整個豁然開朗起來，緊接著一座如賽道般彎曲的四線道大橋，一行人才在環島第四天的尾聲，順利踏上了花蓮。

　　進入市區，遠方終於出現那好久不見的超市蹤影，我立馬衝進去補貨，順便買了三瓶舒跑，待逐步靠攏的兩位大哥陸續抵達，三人痛快的一飲而盡，而後隨即下榻今晚的鳳冠大飯店，沒錯！如你所知我們的妹婿早已提前抵達，辦妥入住單人房，此時大義哥見僅1000塊即可獨享單人房，於是說前兩晚讓我們委屈了，不太好意思，他今晚自掏腰包睡單房不跟我們擠了，於是我便和小仁哥合住要價1300兩張床的兩人房，之後四人隨即前往妹婿力薦，位於後方巷弄的一家牛肉麵店，此時客人還不少生意不錯，我們各自點了一碗香噴味美的牛肉麵，同時叫來了一大盤的滷味共享，大快朵頤一番，這才終於解決了今天的「午晚餐」。

　　回到房間，小仁哥先洗完澡後便到妹婿房間聊天去，我則是在隨後完成盥洗清潔，便獨自一人走到了對面的超商，買了冰棒和啤酒嗑了起來，坐在超商前的戶外座位區，望著馬路上的人車發呆放空。夜，愈來愈

深，但路上的人車反倒愈來愈多，這才驚覺，原來，四天的清明連假已悄然啟動，人車開始湧入花東！

第05天
和平到新城37K　上豪民宿

一一一年四月二日　　第05天　　和平到新城37K
上豪民宿03-8261049

　　鬧鈴準時的在清晨5點響起，感覺昨夜一覺好眠到天亮，除了半夜翻身時隱約聽到床單下面發出怪聲，下床時腳底的水泡感到一陣痛楚，之後便躡手躡腳的走進浴室盥洗如廁，深怕吵醒別人，十幾分鐘後，便直接外出享用早餐，留下半夢半醒仍在賴床的小仁哥；天微微的亮起，馬路上的人車似乎一夜沒停過，忙著把整個大台北的人都送到了花東似的。

　　用餐回來後，飯店主人高齡九十的媽媽也起了個早，正在門口隨意的伸伸懶腰，活動活動一下老骨頭，之後便和我聊了起來，原來，她曾是這家飯店老闆娘，以前叫鳳玉大飯店，就是她的名字，幾年前先生走了後，便交棒給兒子，同時更名，最近還大手筆把店內所有的床墊全部換新，連新床上面防塵的塑膠套都還沒來的及拆封呢！原來如此，怪不得翻身時會發出聲音，但畢竟是新床，睡起來特別舒服，我笑著說向她說道，這應該是過去幾天來睡得最好的一晚。阿嬤又說她以前早上還常會走到數公里遠的和平電廠海邊，後來因為沿途野狗愈來愈多，加上腿力沒那麼好了，所以現在只能在

門前的人行道來回走動了，後來我邀她拍照留念，她才特地摘下口罩入鏡，當時的疫情尚只有少數零星個案，沒有後來這麼嚴重，我們一路上下來也只有在進去超商時，才會掏出口罩戴上。

回到房間後，小仁哥已經起床了，正在坐在床沿處理他腳下的傷口，實在有點慘不忍睹，十根腳趾頭竟包覆了七、八根，其中一根的指甲還整片的脫落搖搖欲墜著，我特地拍下慘況上傳我們的救國團中橫健走群組，展現其徒步環島的輝煌戰果，大家紛紛表示同情與不捨，要小仁哥撐住，幹大事都是這樣的！此時的我只能用心經來安慰他了，「無眼耳鼻舌身意，無色生香味觸法」，一切都是妄念，不痛不痛！

之後見妹婿已提前整裝完畢至門口，手持健走仗，原以為他終於要與我們同行，沒想到他沒等我們便逕自離去，是不是前往和平火車站就不得而知了，而我們三人隨後不久也出發前進。

台九與台九丁至此開始更是時而共線時而分道，果然是連續假期，路上如果人車很多時便是與蘇花改共線，行至某處分流後則又人跡罕至，但其實我們比較享受舊蘇花的路段，不需要因人車共道而擔心受怕，更可恣意悠閒的徜徉在遺落的世界祕境，一旁的山壁間不時會有野猴嬉戲逗鬧，長短不一的隧道也開始密集的出現，我們帶著愈來愈高昂的自信一路勁行，不斷穿山越嶺，突然有詩仙李白那「兩岸猿聲啼不住，輕舟已過萬重山」的感觸。

　　時至四月，暑氣逐漸逼人，走著走著途經一處聚落，兩隻貓好奇的從早點的立牌旁探出頭來，一隻扮小白臉，另一隻則扮小花臉，正目送我們一行人陸續走過，遠方瞧見一處寫著「冰棒」的店家，正想入內購買，怎知老闆竟沒勁的回說：「夏天才有喔！」著實令人氣餒！明明天氣都已經這麼熱了，老闆也不知變通一下，當下也只能吞回口水期待下回了。

　　一旁太魯閣國家公園的立碑顯示我們已正式進入其範圍，之後的大清水路段，一度還經過失事適逢周年的太魯閣號事故邊坡地點，不早也不晚，恰恰好是去年的今天，一輛滿載498人的台鐵太魯閣號，行經隧道前，撞擊一輛失控衝下邊坡的工程車，造成49死的近60年最嚴重意外，當時慘況宛若人間煉獄迄今仍歷歷在目，在向亡靈幾經憑弔一番後便繼續前進，接連穿越數個長短不一的隧道，才來到錦文隧道南口的一處空地休息，大夥兒紛紛覺得剛剛在隧道內真的是太刺激了，爽度爆錶，程度一點兒都不輸給坐雲霄飛車，雖然我們是逆向南下行走，但明明才假期第一天，北上的來車卻是不少而且車速都飛快，也不知道大家在趕什麼，部分隧道內還是彎道，會出現短暫的視線死角，有時候一彎過去，不是我們受驚，反倒是來車駕駛被突如其來的人影給嚇到，緊接著是一聲長按喇叭，用來取代他們心中的幹譙聲，亦或是一彎過去，誤以為是隧道出口的光，沒想到竟是迎面駛來的大車頭燈，而且是接踵而至五六台車的旅行團，當時的我只能完全停下腳步，待他們一輛輛的陸續

經過，硬要強行通過的話，恐怕帶著鋼盔的頭仍不免要被擠爆在遊覽車車頭和突出的山壁間了，後方的小仁哥運氣倒好，反而是好心的遊覽車司機把車子完全停了下來，示意讓他先行通過，看來這世上還是有好人的；部分路幅狹隘的隧道甚至連人行走道都沒有，必須逆向走在窄小的路肩，與疾駛來車擦身而過，有點搏命演出，也難怪一般的單車環島，大都會避開蘇花這一段，何況是我們徒步環島；說時遲那時快，突然有台車迎面駛來，開向正在一旁空地休息的我們，正納悶著，只見他搖下車窗，原來是過來問路的，沒想到竟有開車的在問走路的，不覺莞爾！況且從頭到尾也就這麼條路，有點莫名其妙。

　　此時小仁哥突然發現，遠方對面的懸崖上，有不少遊客正和我們遙望相視，那不就是名聞遐邇的清水斷崖嗎？沒錯！原來我們所在的空地，也正位於斷崖的上方，從那清水斷崖觀景台看到的絕世美景，其實正是我們身處之地啊！原來，人們總是身在福中不知福，往往羨慕別人的平步青雲和錦衣玉食，怎知別人反倒嚮往著我們的光風霽月與兩袖清風。

　　在那之後一個小時，我們才真正的走到清水斷崖，心軟的我還特地開放休息，讓小仁哥有足夠時間可以走一段步道進去朝聖，到那知名的觀景台存影留念，期間我和大義哥則在外面的小清水休息區等待著，幾隻猴子正在一旁的樹林間來回穿梭擺盪著，甚至跳下來步道，在馬路上橫行霸道，逞凶鬥狠著，約莫十分鐘過去，只

見小仁哥難掩興奮之情，一臉心滿意足的走回。

　　通常旅行有分兩種，一種是事先做好完整的規畫，之後按表操課，另一種則是完全沒計畫，隨心向往，隨波逐流，我們屬於後著，一天的行程裡，哪裡該休息，哪裡用午餐事先全然不知，走到哪算哪，想停就停，有的吃就吃，接下來前往崇德這一路上，就這麼山水為伴，「仁義」為伍，時而是小仁哥的仁者無敵，時而是大義哥的大義當前，有時我會刻意的加快速度，企圖將仁義狠狠地拋諸腦後。

　　終於走過最後一段蘇花的好山好水，來到南端的崇德管制站，颱風季節偶爾會預防性封閉的管制點，原本計畫在附近一間很大的小七便利商店用餐，但抵達時可能因為實在吃膩了想換換口味，於是便和大義哥走到一處自助餐的店家前停下，此時發現後頭的小仁哥竟從原本的逆向左側，小跑步的穿越車水馬龍的公路，來到右側的店家停下，原來是我們的妹婿早已在那邊等他許久了，此時人馬兵分兩路各自午休；午餐後，我方人馬在原地休憩，但另邊人馬又轉移陣地，至更前方一點兒的全家超商喝著咖啡聊起是非，向來會午休小睡一下的大義哥，此時竟毫無睡意，開始閒聊起他平日的嗜好收藏，原來平常的他喜歡收藏石頭古玩，甚至經常與同好前往考古遺址挖掘寶物，偶爾也喜歡練練硬筆字打發時間，聊著聊著還不時翻出他手機裡的照片加以佐證，證明其所言不假，於是兩人興致勃勃地一路聊到午休時間結束，此時，妹婿竟意外的參與了下午的全程陪走，總

算好不容易。

　　四個人就這麼浩浩蕩蕩的前行，途經一處頗具特色風情的民宿，馬路中還栽種著錯落有緻的行道樹，接著風塵僕僕的來到太魯閣大橋，有著淺藍顏色的拱型橋身，並一起在橋上合影留念！橋面下方則是立霧溪的出海口，上游因不斷的向下蝕刻河床而形成著名的太魯閣峽谷，令人不禁想起那「萬山不許一溪奔，堂堂溪水出前村」的詩境！去年底，我和大義哥所參加的徒步團，就是從另一邊的台灣海峽，以鹿港為出發點，翻過武嶺直達太魯閣，當時就耳聞有不少的外國遊客，會搭乘火車至新城太魯閣站，再轉車前往太魯閣峽谷，然後在那兒待上一整天，看書聽溪，賞景終日。

　　過了太魯閣大橋，隨後便進入新城鄉，不一會兒又過了新城老街，遠處瞥見曼波海灘似乎有大型活動正在進行著，我們仍一路向前，因徒步陣容實在堅強，一度引起不少路人側目，突然，一旁的馬路邊有人把我攔截下來，問道這是某某人的徒步團嗎？原來他指的人竟是妹婿啊，那人是妹婿的花蓮長輩親戚，特地在今晚下榻地紫園民宿附近等候，迎接我們一行人的到來，我回說妹婿此時人走在最後頭，請他再等等，便逕自先行前往民宿。沒想到身邊突然又有一台保時捷駛近，接著從副駕駛座開門下來一人，心想花蓮又沒有仇家怎會有人攔路劫轎，正納悶著，只見那人提著一袋飲料走過來說，他姓郭，前方看見我們一行人走著，心想必定正在徒步環島，特地繞去買了飲料打算慰勞我們一下，因為就在

一年前，他也曾同孩子徒步環島，知道非常辛苦因此感同身受，後來開車的兒子也一起下車來同我們合影留念，果真是有緣千里來相會，台灣處處是溫暖。

待團員們一一陸續的抵達民宿後，此時天空竟開始唏哩嘩啦的下起雨來，心想老天爺可真是給足面子啊！接著按了門鈴沒人應答，於是以電話告知民宿業者一行人已抵達，沒多久，開車來了對夫妻，打開上鎖的門入內向我們介紹房間，原來今晚竟也沒其他房客，整棟房又被我們全包了，我們含妹婿四人共租下了兩間各要價1600的兩人房，但都是一張大床，小仁哥和他妹婿一間，我則和大義哥同房，但瞧見客廳有張大沙發，於是我表明今晚睡客廳就好，再度讓出了床位，反正也沒其他房客並不尷尬，一時又讓大義哥感激涕零，業者同時還免費提供了一罈自釀的香甜梅子酒，讓我們直呼今晚的民宿真是值回票價啊！

知道我們已走了一整天腿軟了，此時暖心的民宿業者還開車載我們到附近的特色小吃麵店用餐，大義哥三杯黃湯下肚後慷慨的表示，後面的酒錢都算他的，於是一時杯觥交錯，好不開心！待眾人酒足飯飽打算結帳時，大義哥提醒我後面的帳可得算好，不要搞錯，我請他放一百個心同時自傲的回說：「我是學統計的，後來還是證券公司財富管理部出身的，專門幫富人管錢，只要說了該如何辦，後面的我自然會算好好的！」之後離去，眾人服氣的各自掏出錢包，付清各自該付的帳。

雨沒停依然下著，妹婿還請他親戚特地過來載我

們回到民宿，雖然只有短短的五百公尺遠，我懷著無比的感激，感謝老天爺，感謝周遭溫暖的人，結束了這一天。

第06天
新城到鳳林38K　有情天地民宿

一一一年四月三日　第06天　新城到鳳林38K
有情天地民宿03-8763119

　　雨似乎下了一整夜，一早從客廳沙發醒來，便先探頭看了一下外頭天氣，果不其然，雨仍滴答滴答的下著，看來今天要穿著雨衣走四十公里的宿命怕是逃不掉了，於是，簡單盥洗後趕忙藉助吹風機，把沒乾的衣襪給吹乾，接著，其他人陸陸續續起床問早，我還一度企圖說服著妹婿，希望他今天也能繼續陪走，縱使是下著雨，只可惜最後未能如願，出門時，只有三人上路，固定班底，不一樣的是，今天背包外頭都多了件雨衣，小仁哥是藍色的，大義哥是草綠色，我又跟另外兩人又不同，先是穿上黃色輕便雨衣後，再背包上肩，背包外頭則套上黃色的防水套，頭上依然頂著的白色防護盔，在過了蘇花公路便顯得沒啥作用了，反而是他們的斗笠適時地派上用場，特別是在下雨天和在那之後一路上的大熱天。

　　我們依然精神抖擻地邁開步伐，沒有因為這點小雨勢進而影響我們的速度和興致，並告訴自己，沒有壞天氣，只有好心情！

　　昨天事先打聽好的早餐店，並沒有如預期的開門營

業，只好又選擇進入超商解決了，一行人還一度瞧見路旁原本預計要入住但因滿房而作罷的上豪民宿，相形之下和我們昨晚的紫園民宿可差遠了，於是讓我更加地堅信：「當事與願違時，要相信上天另有安排，不論是甚麼樣的安排，一切都是最好的安排」。

　　沒多久，選擇了導航顯示的最近路徑，右轉進入花蓮的縣道，短暫離開了台九線同時避開花蓮市區，因為和車水馬龍人潮擁擠的市區街道相比，我們向來比較喜歡走那人跡罕至，窮鄉僻壤的羊腸小徑或是可以穿越鄉野的縣道，因為較能體會感受到台灣早期純樸的風土民情；過了一處大橋後，沿途的中間停靠站，除便利超商外，又增加了加油站這一選項，因為不需費勁的穿脫雨衣走進超商室內，即可自行進入加油站旁提供的化妝室小解，著實方便不少！

　　此時大義哥說他要上個大號，時間會比較久一點，要我們休息完可先行上路，他隨後會慢慢跟上，於是我和小仁哥短暫的休息後，便恭敬不如從命的繼續趕路了，三人之間彼此的距離自此開始漸行漸遠，因為如果以一個上大號的時間約十分鐘，其實可以走上一公里遠了，上路一開始，我仍不時的回過頭，總會看到走在那後頭遠方的小仁哥，一抹斗笠藍雨衣的身影，但不知從何開始，回頭便再也遍尋不著他的蹤影了，我逕自飛快地走著，因為下雨不方便，索性把該休息的點也給省去了，自顧自的一路前行，心想有岔路我都會特別截圖標示出來，上傳至我們三人專屬「青年節徒步團」的賴群

組上，應該不至於會走錯路，畢竟三人已從台北出發走到了花蓮，也培養出一定的默契了。

　　沿路經過了慈濟醫院，不久後緊接著出現慈濟大學，附近仍有不少大學生出沒走動，即使適逢假日，令我想起多年前的首次單車環島時，路過此處，一行七十餘人浩浩蕩蕩地牽著坐騎進入校園打算午休用膳，整齊的排列停妥車子後，在一處事前商借的場地，不囉嗦，直接一人拉出一張長條木椅躺平休憩，當時情景至今仍歷歷在目；我又一直走到了某處加油站才終於停了下來，心想還是得要收攏一下隊伍，免得有人脫隊了，於是問起加油站員工說：「我們一行人在徒步環島，能否在這此等候休息？」回覆的答案是肯定的，於是我從容的卸下背包，脫下那早已和身上的衣服黏成一團的雨衣，這才發現全身的衣褲早已溼透，一方面既然是輕便雨衣，本來防雨效果就不彰，另一方面則是因走路仍會全身發熱流汗，穿著雨衣悶著所導致，約莫一刻鐘過去，好不容易終於等到後方有人影出現了！

　　原以為會是走在後頭的小仁哥跟了上來，然出乎意料，姍姍來遲走到加油站對面路口的人，竟是大義哥，當下我用賴打給小仁哥問他到那兒了，電話另一頭的他才突然告知，他的目標是走到東華大學，謝謝我這幾天來的照顧，下次有機會再與我們一起挑戰！好驚訝喔，事前沒有任何的徵兆，完全意料之外，我沒繼續追問，於是掛上電話，此時走過來的大義哥這才說起，他在慈濟大學附近有碰到小仁哥，才告知說他在路上遇見

了相識的東華大學教授，接下來要和他一起討論授課內容（小仁哥有在大陸授課工廠運營相關課程），無法和我們繼續走後面的行程了，從那一刻起，我們的徒步團成員正式成爲相依爲命的兩個人，在剩下的十七天行程裡。

　　如廁後上路前，大義哥要我幫他拉一下身後卡在背包上緣的雨衣，因爲隔著厚實的背包，單憑自己根本無法拉到身後整件式穿戴的套頭雨衣，上一個加油站時也是請工讀生幫他的忙。

　　接下來的路程中，我一路揣度著小仁哥的中途萌生退意原因，是早就計畫只走到東華大學，亦或是腳傷疼痛著實難耐，不得不提前終止，也因可能怕影響大夥兒的興致，以至於早上出門時沒事先知會，所以直接於半路請大義哥轉達等種種的可能性，但我隨後釋然了，因爲我們畢竟不是當事人，無法得知背後眞正的原因，同時心想，人這一生，總會有人走著走著便漸行漸遠，天下無不散的宴席，人生最後一定是自己一個人走，更何況早從台北出發時我就再三強調，這趟爲期23天的徒步環島，沒人有把握可以全程走完，包括我自己，萬一體力不支或其他因素，隨時都可以中斷行程，因爲沿途都有火車站隨時可以上車走人，不是嗎？這也是我爲何訂房都僅預訂兩人房的原因啊！

　　持續走著，縣道不久後又接回了台九線，沒多久一旁出現花東縱谷國家風景區的立碑，顯示我們已經正式進入了中央山脈和海岸山脈間近200公里的縱谷地景

風情，大義哥在那之後便緊跟著我，接近中午時分，一旁寫著「彰化肉圓」的小吃店家吸引了我們的目光，於是決定提前用餐午休。商家是一對夫妻檔共同經營的店面，一進入店內，大義哥二話不說直接請老闆娘先給他三顆肉圓，三顆！好大的胃口啊，而且不會膩嗎？我表示自己一顆就好，還能吃點小菜什麼的，大義哥此時問老闆說：「我們是從台北走來的，用餐後能不能在原座位午休片刻？」老闆表示沒問題，還說這間店根本是特別爲我們這類旅人開的，早些年前，他們特地搬到這兒，還在附近買了塊地，想說日後可以種種菜經營個小館，從此過著與世無爭的小日子；吃飽飯後睡了一覺醒來，外頭的雨仍沒打算要停，大義哥又問了老闆：「方便離去前再借個洗手間嗎？」沒想到此時老闆斷然拒絕表示不方便，還說前面一點兒的超商有提供，卻沒想到外頭雨正下著，我們穿脫雨衣並不那麼方便，反正他錢早已收下，也罷，只好淋著雨往超商去了。

　　下午上路前，照例幫大義哥拉下身後的雨衣，接著一路前行，沿途經過了志學及平和兩個車站，此時突然想到，昨天晚上，小仁哥曾問我有沒有聽過台鐵的平和站，難不成當時他早已打算，等事情辦完直接由此搭火車北上返家，沒準當時我繼續追問，他便提前告知了，唉～算了吧！反正木已成舟，多想無益；我們又一路走到壽豐車站前的一處農會，才再度卸裝休息，此時兩人從容的輪流橫過馬路到對面超商借上廁所，回來順手又點了根菸抽，一如每個先前的休息點，這才發現菸不但

沒戒成，反倒愈抽愈兇了，隨後上路又是一陣穿脫整裝，又幫大義哥拉下他自己搆不著的雨衣，這才驚覺，接下來的旅程已不能沒有彼此了，他需要我，而我也同樣需要他！

　　沿途中一度沉浸於花東縱谷的美麗風情，馬路右方的一處景點此時吸引了我的目光，只見流線造型的童話屋正坐落在一處茂密森林中，有不少遊客正停下車前往參觀，原以為是類似妖怪村的收費主題樂園，事後才得知那是Mr. Sam（山姆先生）的咖啡屋，看樣子是砸下重金的大手筆投資，真不知日後得賣出幾杯咖啡才可以順利回收；約莫又走了五公里，正搜尋著合適的休息點，突然看見斜對面的前方有一座廟宇，於是臨時起意橫越了馬路，來到右側休息，因為此路段為四線大道，路幅很寬，剛好又沒有設置斑馬線，馬路兩側的車子都飛快的奔馳著，就連我穿越時都膽顫心驚，趕忙發訊息提醒尚在後頭的大義哥，屆時穿越時務必要特別當心，免得發生意外，休息等候大義哥時，我仍不放心的頻頻探頭出來瞧望，這才意識到，帶著一位耄耋之年的老人徒步環島，其實壓力不小；之後看到大義哥慢慢的靠近，待四下無車時，小心翼翼的快速穿越，才總算放下心中的大石，在廟埕停留的期間，我倆還一度困惑，明明廟旁就有設置金爐，為何那香客是直接在水泥地上焚燒金紙，也不怕風吹四散不慎著火，著實令人費解，不過廟方人員都沒出面制止了，我們還操個什麼心呢！

　　我們一路沿著寬闊筆直的台九線，前往今晚下榻的

臥龍居，行進間，我個人偏好逆向走在外側路肩，相對於更外側的人行走道，馬路上比較沒有碎石落葉等障礙物阻礙前進，特別因我是穿著涼鞋，雖較不易起水泡，但小石子們似乎特別喜歡鑽進我的鞋底縫處，難道我腳下有不可告人的特殊香味，總讓我得不時的抬起腳來除去而快之，反倒拖累了行進的速度，後來的我竟還研究出一套本領，在無需停下腳步，便讓那鑽入鞋內的小石子，先自動滑入足弓，再緩緩朝前方的腳趾頭給滾了出去，神奇吧！大義哥穿包頭鞋沒這問題，也因此他喜歡逆向走在安全的人行道上。

　　雨勢漸緩，遠處的山巒雲霧繚繞，彷彿罩著一層白紗，我們順著導航指示彎進一條田邊的小路，由於民宿沒有招牌，整整繞了好一會兒才終於找著，順利入住，新穎潔淨有著兩張小床的兩人房索價才1000元，甫啟用的民宿，外頭還搭起一處貨櫃高台充當休息區，下方的樓梯旁繫著一隻大型犬隻，正以厚重低沉的吠聲歡迎著我們的到來，老闆說牠名叫旺旺，很乖並不會咬人，如果前往休息區泡茶，看報，喝咖啡的話，也不用擔心害怕，需換洗的衣物也有外傭代勞，隔天一早會幫你摺好歸位，此時心想這服務可真是周到，又賺到了一次！由於周遭附近並沒有吃的，老闆解釋說最近的也要回頭走個七百公尺，一家名叫「物語」的餐廳，且提供的都是奢華大菜無一般小吃，也沒辦法了，是人總要吃的，於是先行盥洗休息片刻後，於晚間七時許，我們順著田間陌路摸黑前去晚餐。

　　稍早路過時，感覺曾瞥見「物語」的告示牌，於是不一會兒便順利找著，是一處隱身田野的餐廳，出乎意料之外，竟是鳳林當地著名的特色餐廳，招牌菜「話梅桶仔雞」更是遠近馳名，門口前方的停車場此時竟已停放數十輛車子，且隱約聽見餐廳內人聲鼎沸，想必是那聞香下馬的名店，在這荒郊野外，鳥不生蛋之地，實在難得，可惜我們太晚抵達，因燒烤的工序費時已不再提供那招牌菜「桶仔雞」了，令人扼腕，但又心想才兩個人未必吃得下整隻雞，所以當下點了「麻油松阪豬」和「五更腸旺」兩道菜，打算配著紫米飯吃，沒想到端上桌來的兩道菜果真都是分量十足的大菜，相當的美味可口，於是當晚索性沒再點酒來喝，僅以茶代酒，席間一度冷場，可能是少了一人仍不太習慣，此時大義哥建議我將桌上的美味佳餚拍照上傳，藉此讓小仁哥也能羨慕一下，搞不好因此回心轉意，我並不以為然，但也只能恭敬的照辦了，事後果然無任何的回應。我注意到餐廳牆面貼有一整幅的風景壁畫，頗為詩情畫意，美輪美奐，那是一方灌溉渠道，兩旁大片幽勝的黃花風鈴木，正整齊排列著一路向下延伸，問了老闆這風景是在哪兒？他說就在前面的富源國中旁，花季時節會開落的相當繽紛美麗，很值得造訪呢！

　　可能一旁有大型聚會，且小朋友四處嬉戲逃竄，顯得有點吵雜難耐，吃飽後隨即結帳離開返回民宿了，此時掛在外頭晾著的雨衣已風乾了一面，但因是輕便雨衣容易兩面濕，所以接著翻面過來繼續晾著，飄搖一夜；

晚點時躺在床上竟難以成眠，心想今早出門時至少還有
三人，明天再出發時就不一樣了，再之後有可能會剩一
個人嗎？一個人還會繼續走下去嗎？我沒有答案，索性
睡去，一夜無話。

第07天
鳳林到舞鶴40K　林家茶園民宿

一一一年四月四日　第07天　鳳林到舞鶴40K
林家茶園民宿03-8872722

　　「清晨的節奏響起，對世界說聲早安」，一早就哼起歌來，今天是個好天氣，至少沒下雨，一打開門，果然昨晚洗好的衣物已經晾乾摺好放在外頭，大義哥本來還打算給那外傭小費的，但沒見著人影索性作罷，民宿沒有提供早餐，我便先行前往那高台休息區，想取咖啡包泡來飲用，暖暖胃也墊墊肚子，於是躡手躡腳地爬上階梯，深怕吵醒「旺旺」後又是一陣的狂吠，結果意外地並沒聽到狗叫聲，看來我很適合當小偷，還是狗狗根本就不在這兒，之後六點半不到，兩人便提前出發上路了，因為今天要走預計的40公里，還要加上因滿房而住到二館所多出來的四公里，等於要走44公里超過一個全馬的距離！還好之後設定導航顯示有捷徑可以省去整整3公里，好開心！每天的一路上都覺得只要有捷徑可以省去個一兩公里便是一大成就感，而且捷徑往往可以轉換一下心境，看見不一樣的風景。

　　上路沒多久後，便走到那台九線指標222公里處，我特別停了下來拍照紀念，因為這是個人徒步經驗新的里程碑，上一次是去年底和大義哥的八天橫貫台灣團，從

台灣海峽翻過合歡山武嶺一路走到太平洋全程220公里的紀錄！接下來才在一處便利超商解決了早餐，最重要的民生問題，沒吃根本就沒體力走下去。

陽光漸漸從層層堆疊的厚實雲層裡透出來，美麗的台九線依舊寬敞筆直地從我們眼前一路的向前延伸，無邊無際，兩旁的行道樹，樹葉刻意的修飾裁剪成饅頭形狀，相鄰並列長達數公里之遠，好不特別，心想這園藝的功夫了得，而且非常的耗時費工，全台絕無僅有！我一路馬不停蹄的趕路，和大義哥雖然仍是一前一後，但相隔至少一公里以上，回頭根本也看不見他的身影，途經一座小橋駐足逗留，欣賞那橋下流淌而過的清澈小溪，再向前方望去，竟是一根直挺挺的大煙囪，正矗立在前方不遠處的一座園區內，原來著名的光復糖廠到了，上個月開車載著老爸環島經過此處，還特別駛入糖廠園區內吃冰呢，此時的太陽已高掛天際，不知不覺竟也走了十幾公里遠，突然好想吃冰喔！可是一想到彎進去園區內還要走上一段路（約兩三百公尺），斷掉的理智線又接了起來，於是作罷，繼續前去。

不久，台九線突然從原本寬闊的四線道，向內限縮為一般的產業道路，我在路邊的一間傳統老式磚房的柑仔店前停下，店的一旁還兼營著豬肉攤，入內購買了一瓶舒跑外加一罐蠻牛，解渴順便補充精力，老闆娘知道我在徒步環島後直呼厲害，還說她連花蓮都走不出去，我還笑笑回說，真正厲害的在後頭，我的同行夥伴已經79歲了，約莫再十分鐘會路過，有機會還請老闆娘比讚

一下囉。

　　再上路不久，手機顯示有未讀訊息，一看竟是人住花蓮的小良哥，說他人此時正在光復糖廠外頭，問我現在的位置到那兒了？原來小良哥沿路追蹤我的臉書動態，算一算時間，認為我們中午應該會停留糖廠午休，欲前往與我們相會敘舊，殊不知我們沿途快馬加鞭，早已路過而不停，現已位於台九線240K處的公車亭，正準備休息十分鐘；一樣是鐵馬家庭夥伴的小良哥，今年正逢人生七十才開始，上月也參加過8天的橫貫武嶺團，還巧遇當時仍不相識的大義哥路過欲前往登山，大義哥還以學長身分單獨與小良哥合影留念，想想世界還真小，彼此都是冥冥之中早已注定的有緣人啊！所以歷盡千帆，只為聚首片刻！

　　我和大義哥在公車亭會合稍作停留，但仍沒等到小良哥人，於是又馬不停蹄的逆行上路了，走著走著，此時前方忽然有一機車騎士路邊停下，拿出手機後便是一陣的狂拍，原以為又是那路見環島勇士慕名而至之人，定睛一瞧，原來是一早便從那花蓮美崙出發，一路騎了近三十公里的路程，才總算是追上我們的小良哥出現了，三人先是開心的合照一番後，便相約前方兩公里處的大富社區午餐用膳，因為再那之後都沒賣吃的了。

　　幸好有碰到小良哥，不然路上又得要餓肚子了，和小良哥再度碰頭後，他引領我們進入一處離大馬路整整兩百公尺遠，而且沒掛招牌的水餃麵店吃飯接風，若非當地人或熟客根本不會發現，那是一間兩層樓的紅色

民宅，一樓充當店面使用，生意還很不錯，客人聞香下馬絡繹不絕，三人各自點了大碗麵食，點來一大盤滷味共用，我和大義哥還配上冰涼啤酒，菸酒不沾的小良哥則是以茶代酒，咱仁好不痛快的暢飲敘舊一番！都是軍人背景出身，不乏共同話題的兩位大哥互動許久，竟也成了好友，待我和大義哥酒杯見底後，小良哥還客氣的詢問是否續杯，大義哥一口說好，我則打趣地提醒大義哥說：「中午就開喝，小心喝茫了下午走不動。」大義哥竟回覆：「不會啦！才兩罐而已，漱漱口都不夠。」不過說真的，以他的酒量來說，是絕對沒問題的；酒足飯飽後，我還特別幫兩位早已白頭的哥倆好拍照留影，這是他們第二次合照，又想起那第一次的同框，竟是兩人在武嶺前的誤打誤撞，當時還互不相識呢！隨後還打算到外頭涼快一點的地方小瞇一下，小良哥這才先行告辭，臨去前還特別囑咐一番，說接近舞鶴前會有一上坡路段不太好走，也因此單車環島時會刻意避開這段，暖心之舉實在銘感五內！舞鶴，一個半生已過卻未曾聽聞的台灣地名，竟是我們徒步環島今晚的落腳處。

約莫一小時後準備再出發，大義哥說要再上個洗手間，我趁著空檔小跑步的前往更裡面一點的「大富車站」前自拍留影，希望藉著吉祥的站名，自此而後大富大貴，哈哈！我就是俗，怎樣～

沒多久來到一處有點眼熟的地方，咦！這不正是昨晚餐廳牆面上那片美麗的風景畫「富源黃花風鈴木」的所在嗎，可惜花期已過，僅剩些許晚謝的黃花點綴其

中，然那並列兩旁的枯枝沿著清徹的河道一路向遠處延伸，秀麗的景緻仍勾勒出一幅美麗的詩篇，日後如有走過路過可千萬不能錯過。

　　此時大義哥突然接獲來電，就是上次的武嶺中途巧遇小良哥後，去爬合歡山北峰時所認識的山友，一位已經爬過北峰百回，正在爬第101次的黃醫師，他在花蓮玉里當地的私人洗腎中心與另一位醫師共同擔任院長職務，各自輪流工作兩周，再返回苗栗老家休息兩周，原本因醫務繁忙不克前來的他，這會兒臨時又改口說，總算是騰出時間了，今晚打算前來與玉里相鄰的舞鶴，我們的下榻地「林家茶園民宿」相會，你說，這世界是不是很妙，竟和小良哥在同天一前一後的前來接風，和當初跟大義哥同天認識時的先後順序相互吻合，一切果然冥冥之中自有定數。

　　後來經過一處感覺有點坡度的路段，心想難道這就是小良哥提醒的陡坡嗎？也還好嘛，事後更晚點時才知道誤會大了，並不是；一路走著走著，與大義哥的距離再度拉開，回頭並不見其蹤影，相距至少兩公里以上，可能是他中午喝啤酒利尿，沿路不斷的停下來尿尿，其實我也是，只覺走到不是四肢無力，而是膀胱無力了，但頻率沒他多，因為我只喝了一罐，一旁的鐵道上不時會有火車疾駛而過，特別是有著紅白車身的太魯閣號或普悠瑪號，正沿著綠色山脈，穿過綠色鐵橋，形成一幅景致絕美的畫面，令我不時的掏出手機，並迅速切換至拍照模式，只為捕捉到那稍縱即逝的美景。

　　我在一處學校稍作休息時並沒有等到大義哥，正準備起身之際，此時天空又飄起了小雨，只好從容的重新穿上雨衣繼續前行，約莫又走了五公里，為了收攏隊伍，我在台九257K處停了下來，心想這一路上雖分分合合，但最後一哩路一定要並肩齊走，於是開始卸下背包頭盔，脫下了雨衣往身後的樹幹掛去，同時喝了口水，點了根菸，發起呆來望著遠方疾駛而來車子，再目送它駛離遠去，之後眼光便定睛在馬路對面一棵像是白樺樹上沉思許久，後來還特別把它拍下來留作紀念，並天真的命名為「建明樹」，我枯坐在馬路邊苦候著大義哥，他這才賴回，已走至256K，接近會合處了，可見至少還要十分鐘，於是我又點燃了一根菸。

　　會合不久後經過了瑞穗，正向下一個村落舞鶴靠近中，我邊走邊導航了一下地圖，心裡疑惑著，為何地圖上有段路，竟出現馬路拐回繞行了一圈後再往前兜去，究竟那地方有甚麼重要性非得如此大費周章的設計，不過倒是意外發現導航指出一處可以走「掃叭頂路」通往民宿的捷徑，可有效省下3公里的路程，身旁的大義哥經我一提，便說起他也曾到過的掃叭遺址，不會就是那個掃叭吧，不久天色漸漸暗下，已接近五點，前方路口旁邊果真有條陡峭山路推測應是捷徑，但無標示路名，大義哥十分肯定的說那不是他去過的掃叭，讓我們一度放棄當時業已昏暗陡峭的捷徑，繼續往台九線的大馬路直直走去，約三百公尺不到，我後悔了，原來那一段向後退走的繞路竟也是要爬坡的山路，因為舞鶴是一處台

地，所以刻意截直取彎的繞行以減緩坡度，避免下坡方向車速過快導致車禍意外，但與其走五公里一樣的山路，我寧可走僅2公里的掃叭頂一路，於是往回走至路口處，還向一旁正指揮著交通的警察再三確認，旁邊那條捷徑的確是掃叭頂一路後，兩人開始氣喘吁吁地往陡峭斜坡走去，最後經過一處荒煙漫草，總算接回了台九線順利抵達民宿。

　　沒想到陰錯陽差，原以為會出現在民宿門口會合的黃醫師，竟一時興起想活動筋骨陪走一段，所以逕自往掃叭頂一路走去，殊不知我們在前一路口便提前拐出，於是又是一番等候，才終於順利會合，我們在民宿一樓的接待處先行卸裝後，便坐上了黃醫師的豪華房車，他打算載我們去瑞穗市區的一處客家小館用餐接風，期間還特別詢問在地的女教師友人，確定那餐廳尚未打烊仍營業中，雖然此時也才晚上七點而已。

　　和黃醫師同為苗栗客家人的老闆夫婦，此時建議了幾道拿手絕活的家鄉菜，客家小炒和梅干扣肉肯定是少不了的，鮮嫩多汁的白斬雞更是令人食指大動，還有那從未聽過的客家醃菜湯，整桌像山一樣的菜餚最後竟吃不完，流著客家人勤儉血液的黃醫師索性分配起剩餘的菜餚，非得碗盤見底才善罷甘休，當真是好習慣，像極了平日的我，也天性克勤克儉，但要澄清本人我並非客家人！席間，為了一睹久仰老而彌堅的大義哥風采，那位女教師友人隨後也趕抵加入了聚會，還特地帶來了美味甜點的伴手禮給我們，可惜她一坐下來便說稍早已吃

過而將碗筷束諸高閣，無法幫忙消化剩餘的佳餚，黃醫師和玉里在地的女教師友人，兩人是幾年前一起出國旅行的團伴，回國後持續保持著聯絡，後來黃醫師被派駐來玉里任職，女老師還出了一番好主意呢！果然，旅行當中往往能結識不少日後的好友，他們之間是，黃醫師和大義哥也是，我和大義哥又未嘗不是呢！

後續驅車回到茶園民宿，彼此互道珍重後，我和大義哥此時才辦妥入住要價2000元有兩張床的兩人房，接著民宿老闆娘引領我們前往三樓的房間，整身的裝備行頭加上沒有設置電梯，大義哥一度開起玩笑，說老闆娘是故意要欺負他老人家，所幸入內後發現房間超大，且是KING SIZE（帝王規格）的兩張大床，這才終於得意了點，結束了馬拉松式的一天！

睡前，手機中救國團中橫健行的賴群組裡，一位也曾是鐵馬家庭成員的學妹傳訊問道：「學長今天走到那兒啦？」我隨即回覆：「已經到了花蓮瑞穗的舞鶴村！」很想接著回說，可惜小仁哥沒跟過來，但我沒說。

其實，真心感謝這一路上持續關注著動態的四方好友諸多的加油打氣，成為我每日堅持下去朝著夢想前進的動力，就像幾天前過去職場的老戰友小芳便留言問道，何時可走到東港，打算前來接風一樣，令我滿懷著期待！

第08天

舞鶴到富里39K　富里民宿

一一一年四月五日　　第08天　　舞鶴到富里39K
富里民宿03-8831171

　　昨兒個夜裡隱約聽見對面房裡傳來狗吠聲，果然，一早醒來到外頭去，補充一夜流失的尼古丁時，更早起的對面房客已經出門來遛狗了，抽完菸又大口吸進了戶外晨間的新鮮空氣，頓時覺得神清氣爽，後來退房時問了一下民宿老闆，這附近那兒有早餐店，老闆竟回覆最近的在下山後的五六公里遠，此時大義哥趁著離去前，一點兒都不害臊的跟老闆要了桌上的三根香蕉來果腹，看來薑的確是老的辣！

　　一早，外頭寬闊的馬路上仍沒甚麼人車，我們精神抖擻的逆向靠左大步前行，特別是在下坡的路段，迎面的來車因是爬坡，速度不快才會更顯安全，接著不久，途經一處空地，前方有一巨型雕塑，是隻高聳入雲的火鶴，正翩然起舞的樣子，沒錯，就是「舞鶴」意象，大義哥此時請我幫他美拍一番，這才發現他頗具麻豆架勢，竟擺出各種風華綽約的姿態，之後交棒換手，這時他要求我換個姿勢，只見我頓時愣腦呆頭，再也變不出花招，只因我永遠都是那一百零一個同樣的姿勢，高舉著右手比出勝利的V字，真是傷腦筋！

　　才一大早，此時大義哥竟又想起那小仁哥了，於是在「青年節徒步團」的咱仨賴群組裡頭再度留言著：「要歸隊嗎？沿途都在想您！」但依然是聲聲喚不回啊，後來小仁哥才回覆說人早回到台北了，只能祝福我們一路順風，凱旋而歸了。

　　再不久，東方的天際太陽此時緩緩升起，眼前出現一幅美麗的風景畫，只見那整齊排列的茶園靜謐的坐落著，遠方有著高聳入雲的檳榔樹，更遠方一點的山腳下，瀰漫繚繞的雲霧正橫亙在山谷間，原來這就是盛名遠播，難得一見的「花東縱谷雲海」啊，真是美不勝收！之後，前方總算是出現三民聚落的影子，開心著終於有得吃了，我們在一家門庭若市的早餐店停了下來，老闆煎台上正滋滋作響的煎餃此時恰好打動我的味蕾，立馬點了份來吃，然意猶未盡，於是再加點了一份鮪魚蛋餅配上了冰涼咖啡，這才總算有點飽足感，大義哥只隨手拿了份三明治配上豆漿便滿足了他的胃，一旁有個人客突然問起：「你們在徒步環島喔？」我回道：「是喔！從台北一路走過來的，今天是第八天呢！」心裡正洋洋得意著，好不驕傲，總算是像樣的好一段距離了。

　　後來，大義哥再度因找廁所而晚上路，彼此間的距離又再度的拉開，我在前方獨自走著，途經一處花園，裡面有著各式的可愛小熊園藝造景，一個年輕和樂的四口之家剛停好車走了下來，打算在此花園裡享受天倫之樂，可惜我遍尋不著可以坐下來的落腳處因而作罷，繼續前行，隨後才在一處「玉溪鐵馬驛站」稍作停留，好

放鬆一下早已鐵腿的雙腳。

　　後來在接近玉里市區時，突然想起，昨晚的席間黃醫師的女教師友人曾問起我們隔日要行走的路線，似乎感覺對於我們的徒步環島不全然相信，會不會打算今天來個不期而遇的突襲，不過之後隨著玉里的逐漸遠去，我想應該是多慮了；此時，太陽盡情的燃燒著，一時熱氣沸騰，海市蜃樓般的水影出現在遠方的柏油馬路上，而後經過一處空曠廢墟，拐了個大彎後，準備過橋穿越下方一秀姑巒溪支流，才驚覺，這不是上月發生在花東地區6.6級大地震的玉興斷橋嗎？當時我開車載著老爸環島到台東，半夜遇上大地震，可當時因睡死竟一點感覺都沒有，隔天行經此處才知橋斷已封閉管制，無法通行只能改道，沒想到這次徒步路經此橋，原先的斷裂處已修復補平，然修補痕跡依是清晰可見，再度見證了地震天災的可畏。

　　過橋後又繼續走了約莫5K，此時的天空呈現藍天白雲，映襯著公路兩旁的整齊綠樹，我來到一處空地前，打算停留稍待後方遲至的大義哥靠攏，然見此空地內植有樟樹數棵，但一旁雜草叢生，前方擺放著長桌空椅可供休憩，見當時四下無人，於是便與隨後抵至的大義哥進入休憩，我因內急至一旁的隱密處小解，正當舒心暢快之際，後方一機車突然停靠路邊，一名騎士走了進來，原來竟是地主，心想該糟，還敢在人家的地盤上撒野，怎知那身長六尺四的高個兒地主，竟和顏悅色地走向前來，與我們開始閒話家常，談笑風生，年正八旬

　　還虛長大義哥一歲的他才說起，這塊地，是他特別買來給長途跋涉的旅人歇腳用的，種些樟樹才能遮蔭，尿急時就到一旁雜草堆裡就地解決，至於剩下閒置的園地偶爾也會除除草亂種一通，開心就好，還提到了早年他曾在台北松山機場擔任空勤職務，退休後才來花東落地生根，大夥兒聊了好一會兒後，大義哥請我幫他們拍照合影留念，之後才告別離去，繼續接下來的旅程，心想，原來這世上還有這等好心人啊，完全不為自己，只為利益他人，也難怪人家常說：「台灣處處充滿人情味。」

　　台九線在之後不久便與台30共線，左彎直上一座橫跨秀姑巒溪，地處歐亞和菲律賓海板塊交界處的大橋，我站在橋上駐足逗留許久，一度眺望遠方，感受眼前那青天白日下的山川壯麗，企圖將台灣之美盡收眼底並深深烙印心中！在過橋後隨即來到一處三線匯聚口，一處小七大門市吸引了我的目光，時近中午時分但哩程仍未過半，幾經琢磨審度後，仍決定先行午休用膳，下午一點再行出發，因為不確定後面是否再有賣吃的商家，畢竟民以食為天，一切肚子為重。

　　我拿了幾道偏愛口味的關東煮同時舀了一大碗湯，吃得津津有味又有飽足感，還可以補充流失的鹽分，大義哥則是買了碗桶麵打算泡來吃，真看不出來原來他也愛吃泡麵，兩人用完餐後便在各自的座位小憩，我算是不易入睡的人，通常只是小瞇一下養精蓄銳，沒想到此時外頭的太陽正大，冷氣舒服的吹著吹著，靠著背包竟也昏沉沉地睡去，再次醒了過來，只見背包被我整個上

身壓出了一個大窟窿，可見剛剛睡得有多沉，只差沒沾黏濕濡的口水而已，通常我會設定比預定提早個十分鐘的手機鬧鈴，提前去上個洗手間順便洗把臉，然後才把熟睡的大義哥給叫醒，只見他睡眼惺忪地醒了過來，逕自往廁所走去，同時說：「你弄好就先走，我還要上個洗手間。」於是下午一點整，我便著裝先行出發了。

　　下午還有超過半程的路途要走，我頂著烈日，加大手臂的擺幅，昂首闊步的一路往前邁去，因為一路過來的經驗得知，身體的構造就像是個齒輪組，靠著大力的雙手擺動同時也會讓你的雙腳做更大幅度的邁出；我聚精會神，全神貫注在馬路一旁的里程告示牌，公路於是一公里一公里的向後隱去，走了5K便稍作歇腿十分鐘，接下來又繼續馬不停蹄地趕路，心想大義哥應還在身後的數公里拼命追趕著，正當汗水淋漓之際，一旁突然出現動物的晃影，定睛一看，兩三隻羽色豐潤，體型健碩的雞群，從那矮籬旁的樹縫下逃竄而出正奔跑嬉戲著，彼此互啄逗弄，模樣甚是討喜，約莫兩個時辰過去，我才在安通附近的一處殘破老舊的公車亭停下，卸裝休息收攏隊伍。

　　亭子上的木椅早已老舊破損，眼前四下無人，我邊點上菸，邊看著牆面蠹木上的蜘蛛，正賣力的結起蛛網，等候獵物的到來好飽食一頓，這才想起，剛剛一路過來近十公里的路上，根本連個鬼影都沒有，更何況是賣吃的商家，還好中午果斷的決定在小七午休，否則此時早已體力耗竭；十分鐘又過去，遠方終於見到大義哥

的人影緩緩而至，問他要不要卸裝休息一下，他竟回道：「我不累，走吧！」實在太強大了！大義哥走的雖然沒我快，但他可以連續的一直走，完全不用休息，於是接著延續他第三小時的路程，但我途中早已休息了兩次之多。

後來深怕他累壞，我們才終於在一處招牌寫著「深山咖啡驛站」的店家前停下，打算進去消費一下，也好促進當地的觀光，於是兩人順手拉開了和式拉門，門上懸掛的鈴鐺此時發出清脆的叮噹聲，入內一瞧，裡面的裝潢其實頗為精緻細膩，此時店內沒其他客人，只有吧檯內的兩位美眉（師徒或店長店員關係），正在傳授學煮咖啡，見客人上門，便放下手邊的工作，熱情親切的招呼起來，我們坐下來點了兩杯冰咖啡，我因暑氣難耐又多點了道霜淇淋，約莫五分鐘後，女店員用木盤端盛上桌的兩杯冰鎮咖啡，一旁附贈的精緻內餡夾心餅乾，上頭還擺著一片乾檸檬片，顯得誠意十足，後來店家得知我們正徒步環島中，索性充當嚮導，指著往下走去約莫二十分鐘左右就是富里農會，旁邊有處近來頗負盛名的網美聖地，裡頭擺放數只稻草編製而成的大金剛黑猩猩，擎天矗立在園區內供遊客拍照欣賞，經她們一說好像有點印象，應該就是近期IG熱門景點的稻草金剛，當下致謝隨即前往。

遠山近田的鐵橋上，普悠瑪號再度呼嘯而過，我們隨後經過一處川邊，刻有「珍惜水資源」的石碑前，兩隻草編的偌大黑天鵝正深情對望，依著各自彎彎長長的

脖子碰頭依偎著，黑頭紅喙正好勾勒出一個心形，巧奪天工！沒多久果真來到了富里農會，瞧見了就在馬路旁的園區裡，數隻大金剛正四處坐落著，相當醒目耀眼，心裡還納悶著，上月驅車經過時怎能視而不見，此時令我更加深刻的領悟到，不論開車亦或是單車旅行，往往因為車子的速度過快僅能走馬看花，相對而言，一步一腳印的徒步走著，方能不錯過沿路的鳥語花香，風情萬種。

展示園區裡各具特色的大金剛黑猩猩，正各顯神通的吸引著偏好的遊客，是富里稻草藝術節的重頭戲，現場宛如電影拍片場景，不少遊客是攜家帶眷的前來觀賞拍照，我挑中了一隻身長六米達兩層樓高，正用牠壯碩的臂膀撐著龐大的身軀，呈半立姿勢的黑金剛，感覺這只最為的雄壯威武，便與牠同框合影留念，同時也幫大義哥美拍了幾張照片，才又接續動身起走。最後的一段路導航標示不甚清楚，幸好在路人的協助指引下，才得以趕在天黑前，順利找到藏身於鐵道旁巷弄的下榻民宿，兩張床的兩人房索價僅1200元的富里民宿，因為當晚沒有其他的入住房客，我們再度包下全棟兩層的建物，真可說是「俗又大碗啦」（便宜又好貨）！在這富里車站旁，花蓮最南端的角落。

晚上七點不到，偕大義哥外出覓食，走了近五百公尺，偌大的整個小鎮除了小七外竟遍尋不著吃的，多半已打烊關門，此時大義哥宣告放棄，原路折返至小七超商簡單隨意的解決了晚餐，但嘴刁的我仍堅持著繼續

探尋，好不容易見著一處賣鹽酥雞的，太好了！正是垂
涎已久的台灣之光，道地的國民美食啊，我貪心的一口
咬下那炸到金黃酥脆，香嫩欲滴的鹹酥雞塊，天啊！好
燙！於是就這麼隨心所欲，邊走邊吃的回到小七，並沒
見著大義哥，索性又買了兩罐金牌台啤回到民宿和大義
哥分享同樂。

　　回房休息前，還欣賞了好一會兒懸掛於一樓牆面
的書帖字畫，「問君能有幾多愁，恰似一江春水向東
流」，確實是好字啊，是南唐後主李煜的詩詞，竟讓我
不由得顧畫自憐，我不也是在這春天裡，一路的隨波
逐流，流啊流，然後想起了沈文程的成名曲〈來去台
東〉！

第09天
富里到鹿野41K　99號小木屋

一一一年四月六日　第09天　富里到鹿野41K
99號小木屋0988246880

　　太陽昨晚下山今朝依舊爬上來，一切盡是如此的規律，絲毫不差，唯獨生命的奧妙深不可測，你可以知道何時日昇月落，卻不知樹葉何時會冒出嫩芽，嬰兒何時長出第一顆牙，知道何時潮起潮落，但不知自己何時會愛上一個人！東方的天色剛翻起了魚肚白，對街昏黃的路燈依然斑駁的照亮著，遠山仍是黑壓壓的鎮守山頭守護著大地，讓我一時之間分不清是黑夜或白晝，幾口吞雲吐霧後腦袋才完全清醒過來。

　　昨天已先行勘查過地形，民宿旁巷子口拐出去便是一家早餐店，一大早離開民宿時，多元斜槓的民宿主人前一日交代直接離開即可，門不需要鎖，於是直接動身前往享用西式早餐，我點了份檸檬香雞堡逕自開吃，沒注意到大義哥吃些甚麼，早餐店的老闆娘看起來應是越南新住民，只見她手腳俐落的準備著客人的餐點，同時很親切的跟熟客大聲問早，端看著她，我心想只要身懷一技之長，即便是離鄉背井，也不擔心會餓著肚子，沒準還成就了屬於自己的一間小店面，一番小事業。

　　前方不遠處即可看見台九線橫亙在側，路過小鎮的

民房時，不時的會有看門犬衝出狂吠，目送我們經過，後來又追過了幾個正趕著上課的學生，在拐了個大彎道後，便順利的接回台九線，之後還跟大義哥特地走到馬路中間處，只為對著當時身後的台九301K里程牌自拍留影，心想，媽呀！好不容易都走到快接近台東了，竟也才走了三分之一的路程，只能告訴自己，徒步環島沒什麼祕訣，就是把左腳踩到右腳前面，接著再把右腳踩到左腳前面，如此而已，不畏不懼繼續努力囉！不久，隨即經過花東交界處的立碑，來到了池上鄉。

　　一旁房舍正櫛次鱗比的座落在雲霧繚繞的遠山近田間，我在一處莊嚴隆重的廟宇前停了下來，打算在此休息歇腿個十分鐘，原來這裡是當地聚落的信仰中心「建安宮」，主奉開漳聖王，歷時十八年耗資五千萬興建而成，早年是靠著村民自力救濟，販賣池上米籌資興建，而後成為桃園東移客家人心靈上的寄託。

　　池上果真不愧是台灣知名的米鄉，不久，兩旁的景物搖身一變為一望無際的綠色稻浪，正沿著漆上嶄新黃白標線的柏油路面迎風搖曳。途中，來到一處岔路口，生怕後頭的大義哥因此走錯路，還特別截圖傳訊提醒他，萬一走岔了還真不知上哪兒找人，所幸分岔的兩線後來又接合，其實沒差，但那已是事後諸葛；約莫走了5K，來到了伯朗大道附近，我才在一處陸橋卸裝休息，等候著當時仍在數公里外的大義哥慢慢靠攏；停留期間，不知哪來的許多砂石車紛紛在路口處進行迴轉，估計有一、二十輛，推測可能附近有採砂的地方，一旁

銜接田埂的斜坡牆，供奉著觀音菩薩的泥造小廟搭建其上，我雙手合十靜心祈求，未來的路上能一切安好，約莫二十分鐘，看見大義哥一派輕鬆的到來，比我預期快上許多。

　　我們在原地多休息了十分鐘，此時太陽早已發威，一來讓大義哥可以歇息喘口氣喝口水，二來這裡就是著名的金城武樹，五百公尺遠的前方依稀可瞧見它的身影，雖然有不少模樣相似的樹也坐落在遠田中，然因我上月載老爸環島時才到訪過，所以約略記得相對的位置，於是兩人分別用手指著自以為是的金城武樹，拍出了視覺落差的逗趣照片，有點像是站在台北象山的六巨石前，一手拎起101大樓塔頂般的那種視差，很是開心！

　　再次上路，大義哥便一路的緊跟在後，我們穿過池上大橋，越過了卑南溪，來到一陸橋的匝道出口，馬路上方的里程牌顯示離關山4公里，對此已有相當經驗的我知道，通常這表示距離關山，至少還有六公里遠，因為里程牌揭示的距離通常僅止於鄉鎮的交界處，此時忽然見著馬路的對面，有間七彩霓虹，燈光炫目的檳榔攤，令我想起早期台灣各大交流道前特有的檳榔西施文化，因當下口渴難耐便穿越了馬路過來，想買瓶舒跑來痛快暢飲，順便補充早已流失掉的電解質，只見那口戴黑色面罩，藏不住的白淨肌膚，身形婀娜多姿的檳榔西施，熱情地擺上一張椅子，示意大熱天下徒步的我，可以到一旁坐下來休息，我逕自入內取用冰箱內的舒跑，付了錢後便不客氣地坐了下來，並表示後面仍有同伴，經我

一說她接著又多拿出一張椅子，一台砂石車正路邊停靠下來欲購買香煙檳榔，她隨即親切的上前招呼，不久後又一台，顯見這家檳榔攤生意應不錯，此時大義哥也抵至穿越了馬路過來歇著，三人閒坐之餘，索性有一搭沒一搭的聊了起來。

她說姓阮，是越南來的新嫁娘，家就住在前面的關山鎮，經營著這家生活賴以為靠的檳榔攤，問她覺得台灣好不好，她回說不錯已經很知足了，接下來她拉下口罩小啜一口茶水，但旋即又戴上，我和大義哥此時都覺得，簡直是驚為天人！原本就勾魂放電，飄著仙氣的眼眸，此時再搭上唇紅齒白的櫻桃小嘴，以及兩頰處白裡透紅的冰肌玉膚，真是名符其實的西施再世，離去前欲求一合拍留影，只盼能再次拉下口罩一覽芳華，可惜最後仍以疫情嚴峻為由而拒，僅以戴罩合影之姿留念，但仍是無盡的俏皮可愛。

頭頂著青天，腳踏著實地，之後經過一所有著大膽亮麗的塗鴉牆面的米國學校（關山農會），慢慢地接近關山市區，一路拖行著的手邊健走杖正發出怪異尖銳的金屬聲，原來小仁哥給的杖頭早已磨平，竟連杖身原本的金屬圓頭也給磨尖了，此時大義哥沿路幫我留意著兩旁的大型百貨用品賣場，詢問是否有賣健走杖頭，才終於尋得僅剩一副庫存的商家，開心！我把置換下來的杖頭留存放回背包，捨不得丟棄，畢竟後面還有十來天的路要走，以備不時之需；時近中午，見前方二百公尺處有販賣池上便當，於是便示意大義哥先行前往旁邊公

園的涼亭處休息，我則快步前去購回了便當，飽餐一頓後，大義哥主動幫忙回收便當餐盒，拿去一旁的公廁丟棄，雙方各自分工且自動自發，顯然默契十足，後來兩人便各自以背包為枕，在陰涼的石椅上躺平睡著，此時亭外仍豔陽高照，烈日當頭。

　　下午接著馬不停蹄的趕路，經過了一個雲霄飛車般上上下下，劇烈起伏的路段後，逕往鹿野方向前進，公路兩側因路面施工一度窄縮，我在一處標示不明的岔路口稍作停留，生怕後頭的大義哥誤認走錯路，然不到三分鐘便逕自再出發，心想如果一路都要這麼擔心受怕，那肯定是走不完全程，應該要對大義哥多一點信心才是，於是又接著上了武陵大橋，準備越過鹿寮溪，此時，橋上施工的一名工人突然對我喊道：「你要走去哪裡？」我回說：「走回台北。」他又問：「徒步環島喔？」我接著回：「是啊！」然後他給我比了個大大的讚！導航顯示公路的另一側就是那著名的武陵綠色隧道，可惜我們沒有那心思及體力可以前往窺見，一覽芳華，過了橋，我才終於在橋的這頭等著大義哥靠攏。

　　約莫十分鐘過去，大義哥緩緩走了過來，又是比我預期的提早出現，很想對他說我很怕把他搞丟了，但到嘴邊的話又給硬吞了回去，他沒打算停留，直接說道：「走吧！我不用休息。」看來我真的是要更信任大義哥了，先前完全是多慮了。

　　上月開車環島曾沿著台九線一路北上試行，記得導航顯示有一處捷徑直接可以越過鹿野高台，可避開環山

繞行的遠路，但要爬坡，此刻徒步的我竟想如法炮製，於是和大義哥暫時脫離台九線，一前一後，隔三差五的爬上了標示「東33」的縣道；沿途人車稀少，有的盡是那一望無際的鳳梨田，田裡頭長滿了仍披著紫色外衣的幼鳳梨，一旁有個農婦正在田裡農作，於是問起：「這鳳梨是甚麼品種？」原以為她不想搭理，停了三秒後才回覆：「金鑽鳳梨！」

　　在這之後的縣道愈來愈窄小，兩旁的景物一度是荒煙漫草，杳無人跡，過了幾個彎道後，總算來到鹿野高台的入口處，這裡是全台知名的熱氣球聖地，如果在每年嘉年華慶典的時間來，現在裡頭應是遊客如織，熱鬧非凡，我想像著一座座造型卡通可愛，色彩亮麗繽紛的熱汽球，底下正燃燒著烈焰緩緩升空，在寬廣的高台草原間，無邊的萬里晴空裡，滿載著旅人遊客，實現翱翔天際的夢想；經過短暫的休息後，我們開始沿路下山，途中出現幾個陡降坡，一度兩腳竟有點煞不住，使得兩膝隱隱作痛，一路的走到山下，這時驚見左方出現一條兩旁樹木成蔭的綠色隧道，正在眼前無盡的延伸開展，經查探原來竟是「龍田綠色隧道」，正好填補了剛剛錯過武陵綠色隧道的遺珠之憾；有人說過：「上帝關上了一道門，卻也為你開啟了另一扇窗。」甚至有時是兩扇，三扇的窗，因為再不久，路又重新接回了台九線，此時的公路兩旁，也盡是綠色廊道，只見青翠蔥鬱的綠樹爭先恐後的向中間靠攏，向陽而生，此時的大義哥正穿著鐵馬家庭的紅色隊服，無形中成為萬綠叢中一點紅

的焦點。

　　天色漸漸暗下，離今晚的下榻地「99號小木屋」僅剩最後一哩路了，天空開始烏雲密布，該不會最後的一段路又要淋成落湯雞吧，還好天公疼憨人，總算順利抵達隱身於路邊，不甚醒目還差點錯身而過的小木屋，原來「99號」之名竟是取其座落馬路的門牌號碼，不一會兒，天空果真開始稀哩嘩啦地下起斗大的雨滴，這才發現小木屋的對面正是那著名的脫線牧場。

　　木屋的兩人房型其實有兩張不算小的床，一晚僅要價1600元還附贈早餐，屋內窗明几淨，清爽舒適，進入室內還需脫鞋以維持地板清潔，得知我們隔天一大早就出發，來不及取用早餐，民宿老闆不但爽快的退回了兩百元的早餐費，還加贈我們兩盒咖啡口味的美味蛋捲，一早起來可以先墊墊肚子，真是佛心來著！之後雨勢漸歇，附近也沒其他商家營業，除了一旁的全家超商，但打發早午餐也就算了，晚餐還吃超商也未免太悲慘，因此只剩占地寬廣，偌大的脫線牧場可供選擇，於是兩人便前往晚餐，毫無懸念。

　　早年單車環島經過時，印象中當時的脫線牧場並不大，沒想到現在竟擴大營業，前方的廣場空地可同時停下數台遊覽車之多，可見以諧星出道的老牌甘草藝人「脫線」在這兒賺了不少錢啊，

　　占地數甲的牧場，除了外頭是販賣名產的商家店舖外，裡面園區還挺大的，我們在許多呈同心圓排列的用餐區，被引導到一旁約可容納三、四桌的包廂內坐

下，點完菜後便到圓心處的結帳區先行買單，返回等候
上菜，包廂內還有另一組客人，兩位不算年輕的女生比
我們早先一步，菜已上桌正準備開動，此時我心想，相
逢即是有緣，於是隨便起了個頭，想試著聊一下，怎知
語不投機半句多，還差點兒成了白眼狼；不久，我們叫
的菜也陸續送了上來：甕仔雞半只、高麗菜一盤、金針
菇湯一鍋、白飯一碗、麵線一份，外加店家特別招待，
甜度爆棚的鳳梨釋迦一盤，每道幾乎都是台東的在地
食材，當然，兩罐金牌台啤自然是免不了，席間，我突
然向阿嬤級的服務員問起，你們老闆「脫線」，還……
在麼？因為好一陣沒聽說他了，她回：「當然在啊！不
然我們都得回去吃自己了（失業沒飯碗），雖然他也高
齡九十了，不過偶爾還是會在數甲的園區內四處走動走
動，巡巡田水啦！」

　　酒足飯飽後又在園區隨意逛逛，沒多久便穿越馬
路，返回小木屋休息了！萬萬沒想到，簡直是烏鴉嘴，
一個月後，新聞報導，資深藝人「脫線」（陳炳楠）鹿
野家中辭世享耆壽90歲，縱橫半世紀一代笑匠從此巨星
殞落，令人不勝唏噓。

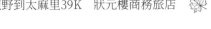

鹿野到太麻里39K　狀元樓商務旅店

一一一年四月七日　第10天　鹿野到太麻里39K
狀元樓商務旅店08-9781346

　　昨晚睡前，雨還下個不停，今兒個透早，不是叫那鬧鈴反倒被屋外的蟲鳴鳥叫聲給吵醒，出來外頭透透氣發現，雨早停了，大義哥今天竟也反常的起了個大早，於是，天亮了，就該上路，反正我們這趟旅程，除了走路，還是走路，我隨即套上涼鞋，大義哥則因他那雙值5000塊的鞋子穿脫不易，我便逕自前往對面的超商開吃，大義哥則隨後跟至，用完餐，不囉嗦，兩人便直接上路，邁向徒步環島的第十天。一會兒過了鹿鳴橋，來到一處岔路口，發現路旁有個少棒紀念碑，沒錯，正是那當年名揚海外的紅葉少棒隊，沿著岔路上山便可抵達紅葉村，在那兒，曾孕育出讓國人驕傲，徹夜死守在電視機螢光幕前的紅葉明星少棒隊，大義哥說他經常一票人從這裡上山去找當地的朋友，然後在上頭的工寮住個十天一個禮拜的，只為每天在當地附近的遺址尋寶，一天的開銷含吃包住也才300塊，真划算，看樣子老後培養個新興趣，結交三五同好四處雲遊，還挺不錯的嘛！我接著幫大義哥在碑前留影，紀念曾徒步到此一遊。

　　此後的台九線又進入蜿蜒的山路，沿著鹿野溪緩緩而上，我們依然是逆向而行，在彎道處難免嚇著疾駛而來的機車通勤族，畢竟在這荒山野嶺出現人影晃動，顯得詭異，我和大義哥並肩走著，開始談天說地，無所不聊，一度還聊到了個人的三觀，是這趟旅途十天以來少有的情況，算是個基督徒的大義哥，官拜上校退伍後轉任退輔會主任，而後又擔任了志工四年，去年78歲才首次挑戰登玉山，79歲的此時正在挑戰徒步環島，無神論的我則是什麼都信，也什麼都不信，因為我老爸退休後當起了廟公（其實爺爺也是，讓我一度也想當廟公繼承衣缽，終日暮鼓晨鐘），老媽則是虔誠的佛教徒，整日吃齋唸佛，兩個姑姑後來改信了耶穌，沒拿香對拜，原是張白紙的我，早已被這些三教九流徹底給洗鍊過，然磕磕碰碰，兜兜轉轉多年後，這才發現，我只信自己，信那世間人人是佛，只是一時被紅塵俗世的無明煩惱，給遮蔽了本來的明心見性，但又百無禁忌只覺「酒肉穿腸過，佛在心中坐」，有道是「佛法在世間，不離世間覺，離世覓菩提，恰如求兔角」認為自己是那在世的修行人，修什麼？修剪慾望，修著如何「因上努力，果上隨緣」，修著如何「向死而生」，因為生活從來就是就好的修行道場。

　　此時又一台重機呼嘯而過，迅雷不及掩耳，話匣子一經打開，便停不下來，接著說道：大義哥你知道麼，當我們沒抬起頭來看著月亮時，月亮其實是不存在的，很玄吧！因為根據最新的量子力學，物質可以同時是粒

子也是波，平常是以不可見的波形式存在，唯有被觀察者觀察到時，才會瞬間呈現波塌陷，進而成爲可見的粒子，就跟一棵樹在森林中倒下，其實是沒有聲音的，因爲沒有人這個觀察者耳朵的接收器，便沒了聲音，我們倆就這麼吱吱喳喳，挨著彼此邊走邊聊，一路行抵「初鹿」。

　　好美的地名！我在路旁一家生意看來不錯的早餐店停了下來，嘗鮮耳聞已久的初鹿牧奶，但又見著一旁內餡飽滿，煎得香味四溢的水煎包，隨即又點了一顆來吃，雖然一早已用過早餐，此時大義哥正忙著找商家廁所，想上大號，然因著疫情慢慢嚴峻，部分超商索性以馬桶不通爲由，拒絕提供洗手間，竟讓我一時找不著失聯好一陣的大義哥，但這次我不再慌亂，畢竟不是三歲小孩，不會搞丟的，於是逕自出發前行了。

　　走著走著，遠山近田間出現了七、八名農婦，正彎下腰來撿拾著乾草，眼前的唯美畫面讓我想起了西方的名畫〈拾穗〉，一度讓我駐足留戀，此時一名狀似工頭的部落青年好奇地看著我，但沒多說什麼，只是目送忙著趕路的我經過，趕忙完成我的夢想之路；後來我在台九線350K的一處鐵門拉下的賣釋迦攤子前停了下來，一人枯坐乾等著總算回覆訊息的大義哥；我記錄下此刻的心情，然後上傳臉書動態，方便日後動態回顧時，可以重新回味當年的壯志豪情。

　　好不容易與大義哥會合之後，又接著馬不停蹄地趕路，畢竟每天徒步走四十公里還眞是前所未聞，部分走

輕鬆路線的健走團，接連三天的徒步總里程也不過才30
公里，所以趕路自然是我們一路的家常便飯，但不知爲
何的大義哥接下來竟有如神助，一路的健步如飛，我在
途中的一處小解，被他刷卡超車後，竟再也追不上他，
眼見前方有重要岔路要切換，改走台九乙，因台九線刻
意繞進台東市區再繞出，而我們並無進入市區的規劃，
原以爲我邁開步子，加快腳步便能追上三百公尺前的
他，怎料不管如何用力的追趕，始終就是追不上，逼不
得已只好出動萬能的手機了，通知他前方的岔路要換走
捷徑，這才見識到大義哥一生戎馬練就的眞本事。

在與「東37」縣道部分共線的台九乙路段，突然見
著兩位全副武裝的阿兵哥，正在一路口處警戒待命，經
大義哥詢問原來是部隊移防演訓之類的，兩人得知一身
勁裝的我們正在徒步環島，當下心裡好生佩服，面對他
倆，我和大義哥一時也重溫了軍旅舊夢，後來才在前方
一處當地居民自行搭建的乘涼棚架前停了下來，打算休
息個片刻半晌，此時大義哥起身前往對面的雜貨店，買
了兩顆熱騰騰的茶葉蛋回來，一顆要給我吃，我隨卽當
仁不讓的提了兩瓶冰涼的啤酒予以回敬，相敬如賓的兩
人倒也相互疼惜取暖，旣暖心又暖胃。

之後的馬路經過了一段下坡，這才又接回了遠道而
來的台九線，我們在兩線會合的紅燈停等處，遭遇了兩
名單車騎士，車子的後方各插上一支小面的國旗正迎風
飄揚著，可想而知他們也正在環島當中，在相互的一陣
加油打氣聲中，同時也嗅到了一股英雄惜英雄的味道，

接著雙方便朝著各自的英雄夢繼續前進，差別只在於所
選擇的移動工具，我們是徒步，他們是單車，但無論如
何，是台灣人，一輩子總要環島一次，可沒想到的是，
他們竟也選擇走這條相同的縣道「捷徑」，不覺莞爾，
看來大家是有志一同，能省則省，彼此心照不宣。此後
又走了5K，時值日正當中，才在一家小七超商前再次停
下，打算午休用膳，此時，櫥窗前座位區望過去的馬路
對面，正停靠著一台滿載著豬隻的大貨車，我若有所思
的端視許久。

　　車子上的豬隻理當知道，同車即將被送往電宰廠
因而惶恐不安，對此，牠們卻也莫可奈何，只能聽天由
命，眼睜睜的看著同伴，看著自己像待宰羔羊般的送上
斷頭台，然後一命嗚呼！相形之下，人身難得的我們，
雖然終究也難逃一死，但至少我們還有自由選擇的餘
地，選擇活成自己喜歡的樣子，就像此刻的我，正挑戰
著徒步環島，努力完成自己多年以來的夢想，一時間覺
得，生而為人真的是好幸運啊！一會兒回過神來，一旁
角落的年輕人正聚精會神的端坐在寶可夢沉浸式電玩機
台前，前後陸續的投了20枚以上的硬幣，不斷發出的打
怪聲讓我無法入睡，只好閉目養神，休息後再出發。

　　不久來到知本，想起了上個月的造訪，當時就是住
在溫泉區裡面的「東遊季度假村」，夜裡還碰上一度斷
橋的大地震，路過寫著「知本溫泉」的告示牌前自拍留
影，旋即離去；我想我是走累了，在這徒步環島的第十
天裡，大義哥一反常態的領先於前，我在後方看著他一

路精神奕奕的大步前進，毫無疲態，然周遭的景物仍不時的打亂他行進的節奏，就像個老頑童似的，走著走著會突然停了下來，拉著一旁長到馬路上頭的果樹垂枝，猛一跳的摘下兩顆青芒果，一顆分送給剛從後頭趕抵的我說道：「這個好吃，你吃吃看。」我隨手一摸竟堅硬如石，回說：「這肯定澀又酸，能吃麼？」然輕輕咬下一口後，證明他所言不假，只覺得果肉清脆爽口，帶點酸澀的好滋味反倒增加了唾沫的分泌，生津止渴，果然薑是老的辣，吃過的鹽比我走過的路還多。

　　過沒多久，我們便抵一處名爲「荒野」的加油站停下來休息，前面就是與「台11」的交會路口，見馬路上的環型花圃豎立著一座牌碑，上頭寫著幾個黃色的大字「太麻里鄉」，這裡不就是每年的新曆過年，台灣人迎第一道曙光的知名聖地麼，一時過於興奮竟直接穿過了大馬路，越過了矮樹籬，只爲在碑前拍照打卡上傳，順道把那顆愈發涮嘴的青芒果給吃乾抹淨，並將剩下的芒果仔兒就地掩埋，期待有朝一日的未來，太麻里碑前，可以長棵芒果大樹庇蔭後起之秀（這叫「欲加之功何患無辭」簡直快看不下去），此時剛上完洗手間的大義哥一時見不著我人影，以爲我先出發了，於是逕自順著台九線的標示前去，再度把我狠拋在後。

　　自此開始的台九線又名南迴公路直抵終點屏東楓港，繼蘇花公路之後，許久不見的海洋此時再度現身一旁的海濱公園前，湛藍的海水被民宅遮掩的若隱若現，鹹鹹的海風清拂吹來涼爽舒適，令人心曠神怡；適逢產

季，沿途不時會有賣釋迦的攤商出現，招牌上寫著「4+1盒100元」一時竟丈二金剛摸不著頭緒，4+1不就等於5嗎，5盒賣100元，那一盒不就才20元，豈不果賤傷農，直到唸出聲來這才恍然大悟，原來前面的「4+」等於「釋迦」，終於腦門大開，誤會大了；後來好不容易追上了大義哥，兩人才在一處名產店停下來休息，大義哥往裡頭走去，不一會兒買了個名產出來，當場拆封解解嘴饞，可能生怕半途走到睡著，我隨後跟著一群人走進另一店家後頭，想趁機瞧瞧台東的海，怎知竟是一整排沙灘車的出租處，隨即對著海狠瞧了一眼便又趕緊走了出來，再不走可要被強迫租用沙灘車了，沒料到是，後頭剩餘的十公里路程，甚至次日的四十公里，深情的大海竟一路形影不離，無盡溫柔的隨伺在側。

　　「海洋會給每個人新希望，猶如睡眠帶來美夢」，哥倫布的名言，美輪美奐的台九線公路此時筆直的衝向天際，一旁湛藍無邊的海洋，正捲起著層層白色浪花，盡情用力地拍打在綿延的沙灘上，我們一路南下沿著台東海岸線靠左而行，路旁護欄外的椰子樹忘情的向天而生，輻射般的樹葉隨著海風搖曳，像是一把把的梳子，正為天空中的雲卷雲舒緩緩的爬梳著，卻又徒勞無功，眼前的海天一色令我真心覺得，台灣當真是福爾摩沙，名符其實的美麗島嶼啊！此時的我更加堅定，勢必走完這趟徒步環島台灣朝聖之路。

　　此後公路隨著地形劇烈的上下起伏著，對年長的大義哥而言較吃力，我伺機追趕超車，怎料我穿過馬路來

於山溝旁休息時，大義哥竟不打算停留直接刷卡過去，逼得向來不服輸的我，只能又趕忙起身出發，前方一公里遠已接近太麻里市區，我叫嚷著示意仍靠左逆行的大義哥準備右靠進入市區，此時碰上一行單車騎士正浩浩蕩蕩欲北上經過，人在對向的大義哥很自然與對方車隊相互比讚，彼此加油打氣一番，心想車隊一行人應沒料到，在太麻里路上，會撞見耄耋老人竟在徒步環島，且模樣甚是威風，不想讓大義哥專美於前，我竟也在馬路的這頭向對面車隊搖旗吶喊，揮手致意，只見一位美麗的單車騎士嘴角揚起笑容，含情脈脈的別過頭來向我比讚，竟一時心花怒放，內心戲煙火不斷的直抵市區。

　　甫進入市區，天色已暗，我便沿路物色餐廳館子，好下榻飯店後前來光顧，出現眼前的第一家便是越南料理，看上去生意還挺好，我隨口問了裡頭的老闆娘營業時間到幾點，生怕這台東角落沒準七早八早便提前歇業打烊，她回道：「九點！」不一會兒隨即抵至下榻地「狀元樓商務旅店」，除非是滿房，否則均是同樣的選擇，兩張床的兩人房，一晚要價1400元尚可接受，旅館的一樓是接待區，房間均位於二樓需靠走樓梯上下，前往時才驚覺爬起樓梯竟是如此折騰，痛啊！房間的內部簡潔明亮，新穎舒適，也因此入住的房客還不少，算是有點人氣，晚上進出的大門有管制時間，要隨身攜帶房卡，於是兩人卸下裝備，隨即打算借用旅店免費提供的自行車外出晚餐，實在是一步再也走不動了，但騎的話還行，此時碰上兩名單車環島的騎士正牽著愛駒準備入

住，大義哥索性又跟他們閒聊了一會兒，驕傲的指著身上穿的鐵馬家庭車衣，對著他們大言不慚的說道：「我們倆都已經單車環島過兩次了（那時只見他們好生佩服），現在正在徒步環島的第十天（這時他們更是拜服到五體投地了）。」

　　之後如期依約的來到越南料理店門前，將單車停妥，只見年逢四十一枝花，風華正茂的越籍老闆娘迎上前來熱情招呼起來，向我們介紹著店內招牌的特色菜，大義哥隨後點了道牛肉河粉，我則選了椰香咖哩法式麵包，看起來十足的美味可口，外加一份涼拌青木瓜來共享開胃，配上兩瓶啤酒更對味了，此時店內已有兩桌人客光顧著，其中的是一對男女，用完餐正打算離去，我好奇的問了一下其中女的：「你們桌上的那道菜叫什麼？」於是我們隨後也加點了一道越式春捲，沒多久，所有的菜大致上齊了，唯獨我的主菜竟還沒來，正納悶著，原來是求好心切的老闆娘意外烤焦了法式麵包，正重新製作中，後來才連番道歉的端上桌來，我回說：「法式麵包焦焦的也好吃。」於是她爽快的兩份都送上桌，讓我著實飽餐一頓。

　　後來店內只剩我們一桌客人，一旁剛寫完作業，遲緩慢飛的女兒返家離去後，老闆娘手頭的工作告一段落，便直接過來站在桌邊，陪我們閒聊起來，也精通廚藝的大義哥此時抱以肯定的誇青木瓜好吃，但如再加點兒花生粉會更有風味，她表示日後一定加以改進，後來又問她「嫁來多久了？」「有沒有去過台北？」等等之

類的，她表示已嫁來台灣19年了，之前都是務農，很辛苦，去年才向娘家那邊學了點廚藝，開了這間店面，生意還算可以，並表示從來沒有離開過台東，有機會希望也可以去台北瞧瞧，大義哥此時竟大方的表示：「我們正在徒步環島，打算走回台北去，乾脆妳跟我們一起走，一路上包吃包住。」只差包養兩字沒說出來了，她笑笑回說，我也想啊，但不行啦，店不就沒人顧了，呵呵！當然這是玩笑話，理應沒人當真才是。

　　用完餐後，我們便騎著自行車離開返回飯店了，只是衷心的希望，這位在太麻里市區，努力勤奮的經營著越南料理的老闆娘，小店能生意興隆，日後真的有機會，能上來台北走走逛逛，四處看看，同時也發現台灣其它或許比台東更為美麗的地方，真心祝福她。

太麻里到達仁39K　東方雲民宿

一一一年四月八日　第11天　太麻里到達仁39K
東方雲民宿0988180813

　　一早一如往常的五點醒來，便下樓外出抽菸醒腦，心想抽完菸便上來盥洗如廁，所以只著飯店提供的紙拖鞋，沒想到匆忙之間，忘了帶房卡，這下進不去了，摸摸口袋，還好錢包有帶在身上，於是便摸著黑穿著紙拖鞋，頂著隱隱刺痛的腳傷上街吃早點，原本想到24小時營業的全家超商解決，沒想到太麻里街上的店家「阿潘早點」，天還沒全亮便開始營業，門庭若市正焦頭忙碌著，心想這裡當是全台灣最早開門營業的早餐店了，可見太麻里人理應相當的早起，不愧為迎接第一道曙光的聖地，填飽肚子後回到飯店，也只能以電話吵醒大義哥，請他下樓幫忙開門了，真是不好意思！之後六點準備出發時，大義哥說他還要上廁所，要我先走他會隨後趕上，所以我便獨自上路了，還提醒他對面街上有家阿潘早點還不錯吃哩。

　　昨晚的夜間新聞隱約有聽到，被譽為全球三大宗教盛事的大甲媽今天凌晨起駕，開始為期九天的遶境活動，算算時間沒準有機會碰上，三年前我曾和同事首次朝聖參加回鑾的五天行程，那應該是我第一次百公里以

上的徒步經驗，當時曾走到一只腳趾頭的指甲整片剝落
下來，慘況卒不忍睹，由於這次繞境的第八天大甲媽應
是駐駕沙鹿，剛好也是我們徒步當晚的下榻地，於是二
話不說決定提前訂房，免得被隨行信眾搶訂一空，果然
去電時，只剩最後一間兩人房，僅一大床，而且今天就
要先付訂金，心想一大床那我應該又是睡地板了，但也
沒得選，於是直接先下了訂，晚點路過超商時再轉帳預
付訂金，直呼還好有提早想到，不然就要跟著信眾打地
鋪睡廟宇了，不過沒差，反正我之前朝聖時，廟早已睡
過很多間了。

　　一路走了5K，直到準備上橋越過太麻里溪時，路
邊停了一會沒等到大義哥人，於是又逕自前去，沿途經
過「舊香蘭遺址」，還有一聽名字便覺親合力十足的
「左奶奶的家」，但沒拐進去一探究竟，雖然一旁巷弄
的碎石牆上，水藍色的圓形指標清楚寫著「左轉進去90
公尺」，但理智線仍占上風，於是繼續前行至一處兩線
交會的路口，見馬路的右側有間地方小廟，這才橫過馬
路，卸裝休息，等著後方遲至的大義哥，直到後來兩人
在一塊兒休息時，旁邊的民宅不斷傳來不怎悅耳的卡拉
OK聲，正著裝準備離去，前方突然停下一輛車，裡面坐
著三位老大姊，原來是問路的，還真是問錯人呢，我們
表示非當地人，只是在徒步環島的路上休息，她們這才
帶著驚訝的表情轉身離去。

　　之後的公路一路緊挨著海岸線，劇烈的上下起伏
著，時而經過完美曲線的高架橋面，是那令人讚嘆的偉

大建築工藝，時而是寬廣筆直的金崙大橋，橋的盡頭彷彿通往神祕的海底，美麗的台東海岸線絲毫不遜色於蘇花公路，只是相對於蘇花的懸崖峭壁，這裡更多的是連綿不絕的沙灘，之後總算來到了台九400K附近，有台灣最美車站之稱的「多良觀光車站」正在熱情的向我招手，但我一時尿急無暇回應，該死！兩側竟遍尋不著隱密處，最後只能在路邊遊客停放的車前，藉著車體的掩蔽，緊挨著山壁小解，一時竟像山澗溪水，沿著山壁緩緩流下，蔚爲奇觀，好死不死，此時一旁突然閃過人影，原以爲是那車主靠近，我迅速的收回槍枝安置妥放，若無其事地轉過身來微笑以對，還好，原來是一家三口，瞧見我一身徒步裝扮，好奇上前探詢究竟，我才鬆了好大一口氣！

　　他們一行人剛從上方斜坡處著名的多良車站觀光回來，爸爸率先驅前問道：「先生，請問你是在徒步環島嗎？」待我回覆是後，三人用驚訝的表情注視著我直呼猴腮雷，我用一貫的反應回說：「眞正厲害的在後頭，79歲，我的同行夥伴。」只見後方三百公尺處身穿鐵馬家庭紅衣的大義哥姍姍來遲，緩步靠近，接著穿越馬路過來加入我們的對話，一行人的焦點頓時轉向他，就這麼你一言我一句，彼此互相請益指教，最後媽媽還要求合照，好上傳社群動態分享這奇人怪事，接著要身邊不發一語只頻頻點頭稱是的女兒多多看齊，這才告別離去，我們也好再次動身出發，行前，大義哥隨意至路邊一處便溺，只是一副神情自若，旁若無人，因爲畢竟他

是老人家，沒甚麼好難爲情的，不像我有偶包（羞羞臉
不害臊）。

　　前方接著經過多良橋，「多良」，一度被這美麗
的名字感動，可見多麼善良，心想才半個多月前我驅車
經過此處，也是看見兩名徒友正在環島，只記得當時心
裡好生羨慕，深受影響，曾幾何時，我竟也成爲那背包
客，走在這徒步環島的路上，影響著前面的一家三口
了，所以，別只是一味的羨慕別人，心動不如馬上行
動！JUST DO IT。

　　火車從遠山的高架鐵道上呼嘯而過，我們也在下方
的濱海公路上馬不停蹄，一路前行，經過一處明隧道出
口，眼前的景色化暗爲明，宛如一幅框邊的山水畫，蜿
蜒的山路正依山傍海直通天際，好不美麗啊！此時一旁
出現告示牌懸掛於山腰，指示前方一公里處有全家便利
超商，天乾物燥下便不自覺地加快腳步，只見走了早已
超過1K的路程，卻仍不見任何超商蹤影，約莫又走了
300公尺，一旁才又出現告示牌「超商往前600公尺」，
簡直是裝肖維，最後又走了接近1.5K，才終於在過了橋
的彎道路口瞧見那全家超商，心想，難道以爲大家都是
開車，1公里和600公尺都是倏忽而至的距離，難以辨
認，但是對於徒步者，1K變成3K，可是一步又一步的煎
熬啊！此時約上午十一點左右，在不確定後頭是否仍有
超商，且不願再次被荒唐的路標指示所綁架，於是決定
在此午休用膳，同時以訊息告知後方遲至的大義哥，待
大義哥行抵，他才說起鐵馬家庭的單車環島，同樣是在

這家超商停留休息，可能因我參加的梯次較早，已是多年前了，不復記憶，恍如初至竟一點印象都沒有。

　　入內享用完熱騰騰的大碗泡麵，暢飲著沁涼冰鎮的舒跑同時，隔壁桌的兩位單車騎士正大放厥詞，隱約聽見他們想騎去旭海，咦！好耳熟的名字喔，但我竟連這地方在台灣的那個位置都「莫宰羊」（不知道），還敢說徒步環島勒，經谷歌後得知確實不在一般單車或徒步環島的路線上，一個被遺忘在國境之南，東方的角落，心想日後有機會一定前往造訪，之後他們的聲音逐漸式微，因為我已昏睡過去。

　　再上路之後，又是好一段的前不著村後不著店，當下心裡暗自慶幸著剛剛的明智抉擇，約莫走了5K後，我在加津林的一處公車亭休息十分鐘，準備待會兒過橋，當時有等到大義哥人，顯見他這一路跟得很緊，我又抽了幾口菸，喝了幾口水後隨即出發，後面的一段路，台九線的南北向車道一度分道揚鑣，南下依山而去，北上靠海而行，我們雖然是南下，卻依然是逆向靠海而行，有時，迎面急駛而來的重機騎士，會豎起大拇指為我們加油喝采，我們也會以高舉手杖回禮答謝，我總是相信輪迴轉世，認為每一次的遇見，都是一種靈魂的思念，縱使只是擦肩而過的路客。

　　一度分流的山海線再度會合後，見前方馬路右側「台九420K」里程指示牌下方停有一重機，騎士正站在車前方為他的愛駒留影，我心想又不是520（我愛你諧音），有甚麼好拍的，沒想到逆向走在左側的我們這

才發現，我們這一側指示牌旁邊的草叢堆裡，竟隱身一隻可愛的牛牛造型公仔，手持狀似紅心的告示牌上寫著「9420」（就是愛你的諧音），才恍然大悟，原來如此，於是我和大義哥自然也跟風的為彼此美拍留影一下囉，事後將照片上傳臉書，經臉友的提醒才發現，我們倆今天剛好都穿上了紅衣黑褲，竟與可愛的牛牛公仔撞衫了，真是有趣！

　　離今晚的下榻地-東方雲民宿仍有7K路程，最後的一哩路我們打算中途不休息了，一口氣走到底，已提前預訂的民宿是同樣的房型，兩張床的兩人房竟要價2400元，是目前出發11天以來最貴的一晚，而且是在台東達仁這麼一個鳥不生蛋的地方，很是好奇究竟有何特別之處，於是便快馬加鞭飛奔前去，而後已是氣喘吁吁之時，見前方一公里遠處左方，有一燈火通明處，一抹藍影正遺世獨立於山谷之間，心想應該便是那所謂的「東方雲」了，隨後在一個大彎道的路口前，拐進左側小聚落的巷弄裡，此時早已氣力放盡，僅剩的一口氣死撐著，一處民宅的看門狗，見有陌生兩廢人闖入，倏忽的衝向前狂吠著，幸好當時以手杖揮舞兩下擊退之，這才終於抵達沒有懸掛任何招牌的民宿門口前，然無人應門招呼，再致電民宿業者告知我一行人已抵至，電話那頭的女輩柔聲回覆著：「不是有發簡訊提醒，抵達前15分鐘需先行來電告知？」我這時才想起好像有那麼一回事，當時人不在現場的她，請我們稍後一下，她五分鐘內馬上趕過來，我便先行脫鞋入內等候了，大義哥的鞋

要脫沒那麼快，於是他在門外守候著。

　　不久，有一年約三十的清秀佳人出現門外，視線直接跳過大義哥穿透進來，與我正眼對瞧著，緊接著入內熱情親切的招呼起來，原來竟是如此年輕貌美的民宿女主人啊，真是優秀，獨自經營著這麼一大間特色民宿：藍色的屋頂漆上黃色的牆身，頗有東方巨龍之姿，庭前的花花草草修剪的錯落有致，想必花費好一番功夫，問她：「為何這麼大間的民宿竟連個招牌也沒有？」她回：「最近才剛撿到一塊很漂亮的漂流木，正整理中，很快就會有新的招牌了。」民宿內的接待客廳窗明几淨，布置一大檜木長條桌，顯有幾分藝術氣息的盒子裡擺放著可供免費索取的零嘴包，見我們倆徒步環島之士，女主人還特地從廚房的冰箱裡，取出精心調製的花茶招待我們喝著，同時間還向我們介紹預定的房間，只見偌大的房裡擺有兩張寬敞舒適的大床，座落在平滑整齊的實木地板上，與牆面的木造裝潢很是相襯，隨即又領著我們認識周遭環境，來到屋後院裡，經過一處平整蔥鬱的青青草皮，抵至一側廳，另闢的四、五間房，牆面以黃漆著色，後頭擺放有飲水及洗衣設備，一旁的精緻吊籃裡擺有小物，是精心烘焙的濾掛式咖啡可供自取，環顧眼下四周的一切，似乎都出自眼前這位女主人之手，當下心裡只有兩個字形容：佩服！

　　年輕女主人見我們心生崇拜這才笑笑地表示，本身其實就很喜歡這樣的民宿經營，但就是愛睡覺了點，大義哥此時故意調侃了一句，愛睡「懶覺」很不好喔！

　　只見女主人頓時尷尬的語塞，我也有點三條線，但畢竟是業者，也見過世面，女主人便顧左右而言它的接著說，晚餐提供了附近商家的菜單，我們可以自行選用後致電，請他們外送過來即可，便先行告退辭去，直到隔天我們離去，竟無緣再見到如此清純可人的民宿女主人了，虐心啊！不過說真的，是打從心底的佩服，有這麼一個年輕女力，在台灣東南一隅，踞一方山水，擁一片天下，終日拈花惹草，尋芳問柳，一縷青煙炊煮人間煙火，只為旅人注入暖陽中的一股清流，提來寒風中的一道溫暖。

　　我和大義哥隨即叫了炒飯和幾道小菜類的，打算配啤酒當晚餐，不久後，一女性外勞騎著機車外送過來，然竟漏掉最重要的啤酒，沒辦法，當下只能請她又行折返，來回奔波一趟給補上了，當晚民宿除了側廳的木屋另有一位重機騎士房客外，擁有四間房型的主廳再度被我們給整棟包下，獨占享有，喧囂一時，正值酣暢淋漓之際，還逕自走進廚房取用冰箱內的整壺花茶，兩人痛快的一飲而盡，這才結束了甚是疲勞的一天，同時為出發11天來的東岸行劃下完美的句點！

第12天
達仁到楓港33K　隆安旅店

一一一年四月九日　第12天　達仁到楓港33K
隆安旅店08-8771367

　　不知是刻意安排還是因緣巧合，今天的南迴公路
行，正好是23天徒步旅行的中途島之戰，恰好隔開了之
前東岸的11天，準備明天開始的西行11天，也因爲舊
南迴公路（現已更名爲台九戊，與甫通車不久的南迴改
台九以示區別，有點類似舊蘇花和蘇花改）上頭的中繼
站-壽卡鐵馬驛站，曾是那知名的單車挑戰聖地，多年前
單車環島時早已見識過它的威武，當時沿路車隊絡繹不
絕，人龍連綿不斷，曾幾何時，早已人走茶涼，一如人
情冷暖。

　　今天全線的路程僅33公里，我們將一路從台灣東
岸，跨過壽卡，進入西岸的屏東楓港，是旅程中最輕鬆
快活的一天，也讓我們好整以暇，得以較爲安逸閒適的
腳步出發，打算前往彎道路口的小七門市享用早餐，但
臨行時仍被昨天的同只看門狗給嚇了一跳，心裡納悶
著，爲何飼主不好好綁牢會隨意攻擊路人的犬隻，心態
可議又可惡。

　　門市的廣場前仍有兩隻野狗逗留，我小心翼翼地繞
過牠們進入超商，取了些麵包牛奶裹腹，後方抵至的大

義哥卻對兩隻野狗連正眼都不瞧上一眼，視若無睹，難怪我聽說狗狗其實也會看人，當四目相對時面露驚恐，你就輸了，反倒像大義哥無視於其存在的反應，狗狗反而不會對你產生興趣。

吃飽後，我便逕自出發了，大義哥依舊先上個大號再說，不過排便完後再上路，確實身輕如燕，走路有風，一路會有飛山走石，騰雲駕霧的感覺，輕裝上陣才能走得更遠不是嗎，當然也包括肚子裡的便便，這又讓我想起了上次的蘇花健行，一早不太「順便」，走著走著，突然感到到肚子沸騰，腸肚翻攪，一度還夾肛而行，後來實在是憋不住了，才趕忙尋得一處野草叢生，一洩而快，方便之時坡上人家的狗狗聞聲狂吠，很怕牠衝下坡來，一口咬住我的豐臀嫩肉，很不自在，不過還好我每天至少如廁兩次，類似經驗並不常見。

後來在通過達仁聚落的短短六百公尺間，竟有野狗數只正爭奪地盤，把大清早人車尚不多的大馬路當成賽道，瘋狂競逐，窮追猛打，甚至無視車況的一路追到對街，才善罷甘休，然當地人似乎習以為常，早已見怪不怪了，馬路前方接著行人禁止的南迴改，我在路口處左彎拐入台九戊，一人獨自往山上走去，踽踽前行。

山上此時陽光正好，微風不躁，光線穿過枝頭上的葉茂正盛，直直灑落下來，溫暖了兩側的臉頰，我獨自一人的走在曲折蜿蜒的山路上，環顧四周，萬物靜寂，就連風兒都似乎暫時停止了呼吸，不知你是否也曾，我常遇上那一旁的枝葉，有如靈魂附體般，在身邊盡是一

片蕭穆當中，獨排眾議的在枝頭搔首弄姿，搖尾乞憐，一副迎接著你的到來似的，宛如化身於精靈鬼怪的森林城堡中。

忽然，路邊一處廢棄空屋引起了我的好奇，印象中這裡以前好像是一間偌大門市的小七，我在第一次的單車環島從壽卡下山時，有路過停留休息，當時南迴改尚未興建，此處超商幾乎是所有人車的必經之地，門庭若市，如今整個台九戊，我一路到現在都還沒見著半個人影，更遑論出現當時自行車隊浩浩蕩蕩的空前盛況，令人不禁想起詩詞的「萬里長城今猶在，不見當年秦始皇」，一時之間不勝唏噓，感慨萬千啊！

在繞過了幾個髮夾大彎後，眼前突然出現一方廟宇，待近點兒一看，原來是那五福山的福德土地公廟，廟裡頭停放著一輛車，車旁的兩人正賞玩逗弄著一只可愛的花貓，彷彿那貓才是今天他們前來的主要目的，廟方後頭另闢有一觀景台，一對男女正在那台上交頭接耳，其中的一人指著前方，受好奇心驅使的我，也跟了過來，爬上一看，眼前景象果然令人震懾！只見一橋墩達二十層樓高，宛如巨龍般的高架道路，正蜿蜒藏身於山林之中，原來正是那藏橋於林，有著「南迴巨龍」美名的安朔高架橋，以其特殊的建築工法，降低對於山林間動植物的破壞，一度還贏得金路獎第一名的殊榮，讓我得在此美景勝地駐足逗留了好一會兒才又動身前去。

之後的太陽慢慢發威，因路上人車稀少，面對寬闊的兩線道山路，我竟開始蛇行般的走著，時而靠左，

時而靠右，只想哪邊有蔭閃哪邊，說時遲那時快，前方一台雙載機車迎面疾駛而來，我趕緊閃切到右邊，只聽見那男的，向後座緊抱的女生說道：「哇嗚！有人在爬山耶，太屌了！」此時我很想大聲的回覆：「我其實是在環島喔！」嗯，那對方很可能會接著回一句：「豈止是屌，簡直是屌爆了。」我獨自演完了一齣內心戲。沒過多久來到途中的壽卡休憩亭，打算再次停留休息，一旁有個男的正煞有其事地講著電話，滔滔不絕，我則是不慌不忙的卸下裝備，看著觀景台上的導覽圖，眺望遠方，竟意外發現，在這台東和屏東縣界的交界處，依稀可見前方那溪河的出海口，太平洋的一隅正波光粼粼的閃耀著，更遠一點隱約還看的見蘭嶼陸地，這才發覺，原來屏東和蘭嶼的距離比台東近，看來我的台灣地理可能要重修了。

　　再次上路後沒過多久，拐了個大彎，終於見著了那擎天矗立的屏東獅子鄉縣碑，一旁就是那赫赫有名的「壽卡鐵馬驛站」，那年曾經用盡洪荒之力，死命地踩踏，一心只為登上心中的聖地殿堂，經過了九年，我終於再次上了壽卡，而且這次是以徒步環島之姿，剛好也走了全程過半的450公里，心裡頓時百感交集，雖然在那之後還二度單車環島過，可當時竟在九天內接連遇上了兩個颱風，以至於最後以保母車接駁通過南迴，因而錯過了再次相遇的機會，心裡面始終念茲在茲，只盼有朝一日能再度聚首，只可惜，眼前再次出現的壽卡驛站，外牆正架起鷹架，蓋上綠色帷幕整修當中，只剩「壽

「卡」兩字若隱若現，在整修帷幕旁隨風飄搖，不過，總算是看見最重要的兩個字。

　　一旁有對父子檔的單車騎士正在驛站前自拍留影，我好意的上前表示可以幫忙拍照，隨後問起他們是否在單車環島，他們回說是，我說我也是，但我是徒步喔！還說起，等等他們往台東方向下山時，再幫忙留意一下尚在後方努力的夥伴，79歲的大義哥，他們表示OK！不一會兒，我低著頭彎腰閃過層層的鷹架，進到驛站後方的化妝室小解，再出來時見大義哥已緩緩靠近，問他是否有見著一對單車父子檔，他回說有，看來那對父子檔果然是言而有信，縱使僅是萍水相逢的過客；隨後一台黃牌重機抵至，騎士帥氣的褪去全罩式安全帽，竟是綁著馬尾的率性女騎士，見機不可失，索性上前攀談，得知她就住離這不遠，喜歡利用假日騎乘這條人車不多的台九戊，享受風馳電掣的感覺，一旁的兩位男性普通機車騎士此時也加入談話，像是聞香而至滿天繞飛的蒼蠅，當然，這堆蒼蠅中也包括我，其中一位男的說道，他正利用著難得的五天假期，打算好好的機車環島，很感謝太太的體諒，讓他能暫時拋開職場競爭，一家老小的壓力，好好放空一下，讓我一時之間想起了老婆的寬宏大量，因為我是23天。

　　此時忽然有一位中年男子向我靠近，問道：「請問你是曾先生麼，認識劉某某嗎？」一時沒聽清楚誤以為他認錯人了，之後再說了一次，我才恍然大悟，原來竟是小良哥的好友「阿比」，他是目前這驛站的管理員，

小良哥特地請他遇到我們時要特別招呼一下，於是我便請那阿比幫我在驛站前跳拍了一下，好顯得此刻我抵達壽卡心中的萬分雀躍，之後便由他領著，進入暫時不對外開放的驛站內好吹著冷氣，期間還特地送給我們小小紀念品和風景明信片，實在是太感謝小良哥了！出來後我還特別和準備往台東方向騎去的黃牌重機女合影留念，同時請教了她一下這附近有無超商，我和大義哥兩人便往相反的屏東方向下山而去，這才揮別了久別重逢的壽卡驛站。

不久，馬路前方有名單車騎士正使盡吃奶力氣，揮汗如雨的爬上坡來，我大聲地為他加油打氣，他試著擠出一點靦腆的笑容回應後，又繼續搖晃踩踏著經過，下山容易上山難，約莫一小時後，很快的，我便在一處路口準備重新接上台九，忽然，一台重機從我身旁呼嘯而過，騎士正一邊豎起著大拇指，原來是那黃牌重機女，已經去到台東又折返回來了，在停等紅燈時，還對我說，超商就在前面而已，我再次謝過她，隨後綠燈她便急駛而去了，此時已接近午時，本想說超商應該不遠了可以準備休息，沒想到竟拐了好幾個彎後仍不見超商蹤影，因適逢週六，台九線南迴公路上人車擁塞，一旁原已狹隘的馬路又在施工，捲起的塵土漫天飛揚，讓我一度以手摀住口鼻難以呼吸，還驚險的逆向閃過幾台大車，整整走了快一個小時後，才終於看見小七，得以入內吹涼用餐休息。

下午再動身出發時，大義哥依舊是請我先走，說他

會隨後跟上，甫上路不久，前方一年輕高個兒男子，約莫三十，順向迎面走來，這時才發現身後跟了位身材嬌小，玲瓏有致，但皮膚白淨，長相甜美的女生，一問之下竟是一對情侶，也在徒步環島中，也從台北出發，但他們是逆時鐘方向，而且已經第32天了，一天大都只能走十幾公里，從沒超過二十Ｋ，還說我是他們這一路上碰到的第一位徒友，我則回覆道：一樣從台北出發的我們，是順時針方向繞過花東過來的，今天是第12天，還說我其實還有一位同行夥伴，已經高齡79了，目前人尚在對面超商隨後會跟上，雙方人馬就這麼在馬路右側小小的路肩上寒暄了好一會兒才辭去，只是一個大問號在我心裡面徘徊，久久不散，心想，到底怎樣才能在外面走了32天皮膚還能保持的這麼白淨！

　　之後的南迴路段大都是窄小的山路，不太像記憶裡寬闊筆直的台九線，個人認為應該是此行最難走的路段，原因是假日車子很多，速度又飛快，重點是路肩真的很小，對於我們這些徒步者，還是逆向而行的，簡直就是一大挑戰，我也只能小心翼翼地沿著山溝，踩在僅一肩之寬的路肩上，迂迴的前進，驚險地走過一個又接著一個的5K，好不容易過了台九444K後，才在一側路旁，得到了救贖，原來是一台滿載著西瓜的發財車，夏天裡看見西瓜，就像小姐遇到愛一樣，滿心歡喜，我稍待馬路兩邊無車之際，隨即快步穿越前來光顧，打算大啃西瓜大快朵頤一番，只可惜那西瓜水傷竟不甜，有些難吃，雖然老闆只算我50塊錢，但我也僅能淺嚐即止，

隨後而至的大義哥，竟以為是好心老闆免費招待的，吃的可津津有味呢。

最後在451K處，依依不捨的揮別了整整陪伴了12天的美麗台九線，切入台26，不久隨即迎來了坐落於在台一線楓港老街旁，蔡總統故鄉的隆安旅店。

訂房時老闆一聽我們是徒步走來的，二話不說，原價1600元的房間只算1400，接待處一旁牆上還懸掛著和小英總統的合照當做廣告，這附近大義哥常來，辦妥入房後隨即領著前往老街對面的一家賣滷肉飯鮮魚湯的快炒店享用晚餐，席間還稱讚外頭正招呼著客人的老闆娘真是霸氣，菸酒檳榔均來者不拒，我回嘴說屏東本來就有很多客家女生會吃檳榔，也不算稀奇啦，倒是她的鮮魚湯煮的很不錯，此時兩人對於好不容易走到了西岸，自然是少不了啤酒助興，幾杯黃湯下肚，酣暢淋漓後便返回旅店休息了。

睡前，大義哥給他屏東老家的兒子打了通電話告平安，掛上之後說，明天到東港後，有點兒希望能走回老家看看兒子和兩個寶貝孫女兒，沒想到一向堅持按表操課的我，此時打開了手機的Google地圖，心裡盤算一會兒之後回說：「有何不可！」

第13天
楓港到東港40K　麗園民宿

一一一年四月十日　第13天　楓港到東港40K
麗園民宿08-8312211

　　一早帶著興奮雀躍的心情醒了過來，可能因爲我是下港大漢（南部長大）的囡仔，聞到西部的空氣便覺得有股熟悉的味道，於是便跟大義哥約了六點在對面小七等，我打算先去看日出，但來到門口前的台一線抬頭一望，才發現天空上的雲層有點厚，應該是無緣看到那遠方海上日出的美景了，我坐在小七門口前的台階上點了根菸，望著一旁似乎是徹夜未眠殺至南台灣的機車夜遊騎士，一夥年輕人正吆喝叫嚷著，心想：年輕眞好！

　　六點整，大義哥分秒不差，準時地從旅店門口走了出來，越過馬路來到小七，請我好了就先行出發，他用完早餐就隨後跟上，於是我便背包上肩，獨自走上了台一線美麗的屏鵝公路；可能是昨天沒機會能好好道別，前方台九線的終點453K從右側彎了過來與台一線交會，於是讓我有了再一次的機會，向台九線好好地珍重再見；不同於之前的台九線，里程指標是不斷的往上加上去，現在走到了西岸的台一線，里程指標卻是從楓港出發的461K處，每5K休息要不斷的往下減，猶如那一路走來的人生，上半場是不斷的累加求有，希望有車有房，

有錢有權，進入了人生的下半場則是要減法求無，希望能無憂無慮，無病無災！

　　我在一處該休息點，見兩側均無合適的歇腳處，索性越過馬路來到了右側，隨即跳下山溝來面壁而坐，一旁的車子感覺從我身後，以時速近百的速度不斷的疾駛而過，讓我一度膽顫心驚，坐立難安，雖然周日的南台灣人車擁擠，但因屏鵝公路是寬闊的四線道，加上路幅更大的慢車道和路肩，再次上路的我便一度順向而行，期間身後不時有相約出走的自行車隊追趕上來，邊豎起大拇指大聲疾呼著：「加油！」想當然爾，我也以鏗鏘有力的加油聲相回應。

　　美麗的海岸線隨著我輕快的腳步逐漸隱身於後，驀然回首來時路，一時沉溺於眼前的世界，波光粼粼的海面靜美得像幅畫，搭配著天空上雲卷雲舒，我竟哼唱起歌來，這是這一路上第一次我走著走著大聲歌唱著，毫不隱藏我的好心情，一旁的沙灘上停放著幾輛露營車，相當的貼近海水一點都不怕漲潮似的，反倒是我替他們捏了把冷汗，來到一處彎道口，前方岸邊的海上，幾顆數噸重的大石擎天屹立著，沙灘上的一對情侶正悠閒的漫步其中，女的還一度彎下身來蹲坐著，撿拾著海裡來的沙貝，畫面彷彿訴說著，彼此堅貞的愛情此生不渝，直至海枯石爛，我轉而哼唱起那首青春歲月的歌〈海裡來的沙〉：

　　　　拾起一把海裡來的沙，就是擁有海裡來的偶然
　　　　也許是上帝給的真，也許是阿拉給的緣。

　　不久，太陽逐漸爬上右側的矮山懸空高掛，慢慢的
熾熱，我開始像熱鍋上的螞蟻般四處逃竄，無處躲藏，
果然是充滿著南台灣熱情的豔陽天，讓我原已黝黑的皮
膚，顏色頓時又加深了好幾階；馬路兩旁不時會出現那
結實累累的愛文芒果正垂掛枝頭，部分熟成的果實老早
用紙袋包覆著，免得甘汁玉露的果實遭果蠅蚊蟲給侵蝕
殆盡；走到一處大型休息站前，上百位身穿白色教衣的
信徒正被催趕上數台遊覽車，準備發車離去，我則是不
慌不忙地進入超商，購買冰涼的舒跑到外頭暢飲，好補
充大量流失的水分和鹽巴，之後繼續馬不停蹄的趕路
中，直到台一線446K處上的「三個傻瓜」，一個已在
屏鵝公路上屹立十數載的咖啡廳商家，有著無敵海景視
野，兩次的單車環島時都有在此停靠休息，只不過兩次
之間，店址曾有搬遷過，稍微往北挪移了三公里左右，
裡面的老闆發哥，和鐵馬家庭的寶哥十幾年配合下來的
好交情，也讓我對這家店情有獨鍾，只要經過此地便想
入內光顧，這次自然也不例外。

　　我在店內的入口處點了道漂浮冰咖啡，然後獨自
選了個有著絕佳視野的座位逕自坐了下來，打算在此休
息個一時半刻，好等候大義哥的靠攏，我凝神的望向大
海，靜靜的聽著海浪拍打上岸的聲音，此時，後方有一
年輕人將我的冰咖端上桌來，同時問道：「大哥，你在
徒步環島嗎？」待我回覆是後，他又接著說，他也在徒
步環島耶，是從桃園出發南下的，目前是第二十天，正
路過此地打工換宿中，還說他才想怎沿路都沒見著半個

徒友，而我竟也是他一路來見著的第一位，這才得知竟遇上了這一路上的第四組徒友，而且邊打工換宿邊上路，心想好特別，原來徒步環島也可以是這種方式。

這位年輕小老弟今年二十五歲，和我兒子差不多年紀，聊天之餘，還要趕忙到園內一處圈地，餵食巨型象龜吃高麗菜，或是另一頭的雞舍，餵養雞隻剩飯青菜類的廚餘，問他為何要選擇以徒步的方式環島，他高贊的回說：「其實是想用最緩慢深刻的方式，去親近這塊土地，和生活在這塊土地上的人！」聽到這答案一時之間令我感動不已，現在的年輕人能有這種想法的畢竟不多了，讓我倍感土親人更親，之後他說發哥人剛好也在，問我要不要過去那邊一起泡茶聊天，我想再多靜一會兒，於是回說等等再過去。

約四十分鐘經過，此時大義哥以訊息回覆，說他人已經過了447K，快到了，我於是起身準備外出等候，好引領他入內休息一下，此時經過前方接待口處，順道向那好久不見的老闆發哥點頭致意，說起我還有同伴快到了要出去等他，一會兒再一起過來喝茶聊聊天，快十年沒見發哥，仍是那副玩世不恭，豪氣干雲的模樣，一點兒沒變，不過想想，好像人活著本該就是這副模樣，之後總算是等到大義哥把他給接了進來，他說一路上有不少水果攤商見他耄耋老人一個還是徒步環島，紛紛表示要請他吃芒果，他才耽擱了好一會兒，抱歉！還說他這兩天覺得腳有點怪怪的，今早還特別穿上那運動用品商家介紹的昂貴緊身束褲好保護膝蓋，讓我一度擔心起，

會不會大義哥只打算走回屏東老家便要莎喲娜拉了，但心想，反正無論如何，到最後一定是自己一個人走回家，不是嗎？我也堅定地告訴自己，從今爾後的人生下半場，向死而生，有人陪走最好，沒有，也要自己一個人勇敢的走下去，因為沒能認真的年輕過，只能選擇認真地老去。

之後一起喝茶聊天的過程中，發哥說起當初他看見這名年輕人正在徒步環島中，便主動提起要不要打工換宿，因為他人目前也接阿朗壹古道的健走團，店內人手相形不足，期間我和大義哥也向他聊到，舊識寶哥現在已經正式收掉經營了十幾年的單車環島的近況，還說他目前正全心經營著更安全更健康的走路挑戰隊，我和大義哥就是參加路戰隊認識的，約莫五分鐘後，我讓大義哥留下來再多休息一會兒，獨自告辭先出發了，因為我已經在這兒耽擱快一個小時了，行程嚴重落後。

我一路的快馬加鞭，馬路兩旁不時可見那販賣愛文芒果的攤商，色澤飽滿一副鮮甜多汁的模樣令人垂涎三尺，很想買來大快朵頤，但畢竟甜度高，汁液多的芒果容易沾黏，吃起來不易，只能硬生生的吞下直流的口水了，之後在水底寮附近脫離台一線，轉「台17」往東港方向，同時拍照截圖賴給大義哥，提醒後方的他別走錯路；甫左轉逆向進入台17，前方順向迎面走來一名獨身女子，眉如遠山，眼如秋波，全身上下為了防曬包的緊緊，密不通風，正背著一個輕巧的小包，手無寸鐵的走著，沒錯！我又見著了一路以來的第五組徒友，她說

她沒辦法像我一樣一次走完，所以只能以分段的方式環島，兩天前才從高雄出發，打算一個人走到台東，又說很羨慕我穿短衣短褲都不用防曬，我回說：「你有看過黑人擦防曬油嗎？」只見她呵呵地笑點頭離去！心想，好佩服她的勇氣，一個女生只身從高雄要走到台東，手上竟連個杖防身用都沒有，也只能祝福她一路平安了！

　　沿著台17走著，一開始的省道路幅不寬，人車也不多，但隨後進入坦然的康莊大道，接近正午，幸運得見一路口旁的小七，打算停留午休用膳，同時以簡訊通知大義哥午休的確切位置，候駕時見一旁緊鄰的水果商家，店內來了對打扮時髦，出手闊綽的夫妻，盛氣凌人的太太此時一邊試吃著，一邊這個那個的指著，然後說通通打包裝箱，接著請老闆搬上路邊臨停的凌志後車廂中，猜想可能是要送禮之類的，平實簡樸的我倒是看上了一旁的黑珍珠蓮霧，色澤暗紅帶光，一看就是上等貨色，於是小聲的問老闆：「可以零買嗎？我只要三顆就好，是要現吃的。」好心的老闆回覆：「當然可以啊，算我50塊就好。」太有人情味，還表示一旁有水龍頭可以現洗現吃，我開心的帶著戰利品進入小七店內，吹著冷氣繼續等待，心想等等可以留一顆給大義哥吃，說時遲那時快，遠方看見大義哥正緩緩的走來，但可能是走到頭昏眼花，竟過門不入逕自走去，我趕忙衝出店外大聲吆喝著人在對向的他，接連喊了好幾聲，他才驚覺回過神來往回走，只能說這暑氣實在是太逼人啊！

　　正打算午休時，電話突然響起，原來是過去職場

上的老戰友小芳來電，說她沿途都有在關注我的臉書動態，同時萬分佩服我和大義哥的驚人毅力，人住屏東的她，打算今晚在東港的下榻飯店前等我們，設宴接風，問我們約莫幾時可以走到，好讓她可以事先安排一下，還像飛機上的空姐一樣，問道我們喜歡白酒還是紅酒，一聽之下實在是太窩心啦！我回覆她大約六點可以走到，十分感謝她的美意；掛上電話後我向大義哥提起，晚上有好酒可以喝了，才總算是有那麼一點動力可以起身出發。

　　已是接近午後兩點，太陽還是一樣的熱情如火，我頂著烈日曝曬繼續的大步前行，之後沿途經過那佳冬鄉，又過了林邊大橋，風塵僕僕地來到前方的指示牌上寫著「東港5公里」，我才在一處神祕鳥地方，名為「鳥仔咖」的濕地公園入口處，路邊停靠坐了下來休息，此時才驚覺我的雙手雙腳處，短衣短褲沒遮到的地方均已明顯曬黑，和有遮的地方已呈現黑白相間的誇張色差，再不防曬不行了，尤其是臉部，是該買頂遮陽帽來遮一下了，畢竟我也是靠臉吃飯的（羞）；本來每天的最後一哩路，是一定要等到人再一同上路，但因與人有約，時間已迫在眉睫，等了半小時，還是沒見著大義哥身影，我便留言同時將導航地圖截圖給他，請他逕自前往下榻的麗園二館，於是哀鴻遍野地爬起身來獨自前行，你知道的，每天的這個時候，往往已走近四十公里，接近終點前的最後休息，一坐下去就很難再起身來，尤其是還坐了達半小時之久。

　　最後經過那知名的大鵬灣風景區，才終於抵達飯店，門口有輛車正在一旁候著，探頭一看，這不就是遠道前來接駕的小芳嗎，開心之餘，索性還先同框留影了一下，我說：同行夥伴可能還要十分鐘才會抵達，抱歉要她再等等，我先辦理住房手續，她接著說：她還約了一對帥哥美女，已經先抵餐廳等候了，不過沒關係，請我們慢慢來就好，不用急，唉！你看，老戰友就是這麼的貼心。

　　之後同那沒多久後抵至的大義哥上了小芳的車，接著驅車前往東港最知名的海鮮餐廳，和另外兩位也曾是我的合作夥伴，一夥人齊聚一堂，享用那一道道上桌的美味佳餚，招牌名菜，小芳這時還特地取出早已珍藏多年的白酒助興，一行人把酒言歡，對酒當歌，話起了當年的歌舞昇平，如今的歲月靜好，一時之間讓我有重新回到人間懷抱的感覺，席間還聊到了過去職場最新的人事調動，一度讓我錯愕連連，但想想這一切，似乎已經和我沒甚麼牽扯了，因為我老早退休，進入自己當家做主的第二人生了；飯後，行事作風向有暖心之舉的小芳，還善盡地主之誼，特地載我們繞了整整一圈十幾公里的大鵬灣風景區，欣賞那跨海大橋的璀璨燈火，和園區內的清風晚美，真是舒心暢快！之後小芳還貼心地為我們準備了在地的伴手禮，好讓我們得以在繼續的路上可以盡情地享用，我對小芳再三的言謝，還請她日後如有來到嘉義一定要記得讓我知道，好讓我也有機會可以盡一下地主之誼，這才道別離去，結束令人難忘的一夜！

東港到楠梓38K　龍陽商務旅館

一一一年四月十一日　第14天　東港到楠梓38K
龍陽商務旅館07-3512786

　　人生很多時候，計畫永遠趕不上變化，就像這趟徒步環島今天的路線，原本預計繼續走台17至高雄楠梓的龍陽商務旅館，但是為了一圓大義哥的心願，希望能走回屏東市老家探望許久不見的兒孫，於是我幾經權衡之下，決定先繞道往屏東市區走，在大義哥老家過上一夜，隔天一大早再由他兒子載我們驅車前往楠梓繼續接下去的行程，也許有人會覺得，徒步環島怎麼能坐車呢？我倒覺得，如果多繞了一段路才到目的地，可以讓旅行有了更深層的意義，何樂而不為呢？至於少掉的徒步里程12公里，我打算一早起床先繞上一圈大鵬灣風景區，剛好12K，不但可以飽覽風景名勝，而且一樣完成了今天該走的38K距離（到屏東老家導航顯示的距離是26K），是不是更棒了，真是佩服自己的冰雪聰明，腦袋靈光，至於別人想怎麼說，就由他去吧！

　　大義哥表示他沒打算去走大鵬灣，還有點語重心長的說，他這兩天腳真的感覺怪怪的，很擔心會出什麼狀況，但他又很不喜歡半途而廢，雖然我心裡面很希望他能繼續堅持下去，好歹也能幫我分擔一下旅宿的費用，

但畢竟也走過一大半，真不行倒也不能勉強，我請他利用今天的路程，再好好的評估一下，於是讓他在旅店休息，同時約好九點將正式從旅店出發前往屏東，我心裡揣度著，縱使回屏東老家後他決定不走了，我還是非常感謝他和之前小仁哥的曾經陪伴，也憑添了我的徒步旅程幾分色彩，於是五點半不到，天還沒亮，我便摸黑外出，獨自探索美麗的大鵬灣。

太陽逐漸從雲層透出光來，風景區入口處的馬路上，幾隻野狗正相互追逐，四處竄逃，還好我有帶著健走杖比較不怕，而且一早已經有人在慢跑了，我隨意問了個路人甲：「請問這樣繞一圈大概幾公里？」他說約12K上下，於是再次確認後，便順著昨晚和小芳開車到訪的記憶大步起走，沿路上，有些人是揮汗如雨的跑步，有些人則是恣意悠閒地騎著單車，當然也有些人恍若漫步雲端，唯獨我，把這段路視同徒步環島的一部分，正邁開步伐大步前行，此時微風不躁，涼爽宜人，走起來很舒服！沒多久來到一處溼地打算休息片晌，我隨即點上一根菸，觀察著一旁岸邊忙著漁樂的一對夫妻許久，才接著上路，沒多久又來到一處濱灣公園，往內走去，點點帆船停靠碼頭的景象，讓人一度誤以為來到了澳洲雪梨，幾只五顏六色，模樣討喜的大型公仔正閉眼佇立在岸邊，每條絲帶上都寫著「HOPE」一字，寓意深遠，想起人這一生的遭遇難免苦難坎坷，但只要心存希望，必能絕處逢生，我快步經過，再次問了一路人乙：「到那跨海大橋還多遠？」他回說還有好一段路

呢，但畢竟我不是來觀光的，只能繼續大步向前，晚點兒還要一路走到屏東呢。

　　過了好一會兒，一座雄偉壯麗的大橋赫然轟立於眼前，是一個A字型斜張設計，懸吊的鋼纜漆上鵝蛋黃顏色，橋身可以往上打開，以利大型船隻通過，到了夜晚，橋身還會點上璀璨亮麗的燈火，耀眼奪目，這在昨晚已親自體驗過，我信步的走上橋，站在橋墩處的斜坡上，利用太陽露臉，光線勻稱下自拍留影，果然拍出一張呈現古銅色肌膚的帥氣臉龐，身後正是跨海大橋的壯闊橋身，隨即上傳臉書更新大頭貼，沒想到竟是引來一陣負評：「先生，你曬傷了。」唉～～

　　回到旅店，我趕緊向大義哥表示需要買頂遮陽帽來防曬，請他沿路幫忙留意一下，隨後便朝屏東的方向出發了。

　　起初是沿著昨天過來的台17走著，不久，即在一岔路口切入「台27」，一路往屏東方向走去，可能因歸心似箭，今天的大義哥倒不覺得有任何的步伐蹣跚，舉步維艱之處，沿路緊跟在我身後，還一路好奇寶寶似的的左顧右盼，留意著兩旁是否有販賣遮陽帽的商家，實在該效法大義哥，把每天都當作生命的最後一天，永遠保持著好奇與新鮮，哪像我，永遠只會緊盯著遠方的目標埋頭苦幹，反倒忽略了沿途的鳥語花香，果真，馬路一旁的小學校名此時吸引了我的注意，「屏東縣烏龍國小」，這也太搞笑，搞甚麼烏龍啊，正打算拍下這奇人異事，大義哥忽然從後方叫住我，示意我走進一處

商家，果然找到了屬意的遮陽帽，迷彩顏色還有繫繩可以牢牢繫緊，帽子還織上了覆巾，可把眼睛除外的一整張臉給完全包覆住，簡直為我量身打造似的，好心的老闆最後才賣我一百塊，大義哥說我卯死了，根本賺到，還說他台北也有頂一模一樣的，可是花了他四百元，一旁湊熱鬧的老婦得知我們倆是從遙遠的台北走來的，彷彿像見著怪物般的四處張揚，逢人宣說，是有這麼誇張喔，不過倒也可愛，嗅到了南部濃濃的人情味。

　　唉呦偎啊，屏東可真是熱啊！我雖戴上剛入手的遮陽帽防護，把原先的頭盔轉而塞進了背包，但不一會兒早已濕了衣襟，汗流浹背，此時見著一旁寫著「青草茶」的商家，心想，這時候來杯青草茶正好退火祛熱，於是入內購買趁機歇涼，只見店內群聚翁嫗三五人正泡茶聊天，見我一身徒步裝扮於是問起究竟，我一樣回著：是從台北繞過花東一路走過來的，後面還有一個79歲高齡的同伴，一夥人經我這麼一說，頓時鴉雀無聲，但隨即嘰哩瓜啦的話題轉向，還一路聊到說有人已經徒步走完台灣358個鄉鎮，我回說可沒那麼厲害，那得走上一年，大義哥此時趕抵，我把最後一杯的青草茶倒了給他喝，於是換他接續上陣，與翁嫗天南地北的瞎說一通，我則是先告辭出發了。

　　沿途經過了新園鄉和萬丹鄉，才在接近午時，抵至一路旁的小七午休用餐，我幸運的找著門邊角落唯一的沙發座位，底下還有插座可供充電，可舒服呆了，於是買了碗泡麵準備大快朵頤，簡直是剉冰控的我方才沿路

過來時，還特別注意到一旁有家冰店，所以待會兒吃飽還想去吃碗剉冰消暑，大義哥老人家不怎麼喜歡吃冰，但我可愛著呢，當清冰淋上了黑糖水，再加點綠豆仙草等配料，噢！簡直是人間極品，每每讓我回想起小時候，有一次媽媽囑咐我和攣生弟弟去買一碗「四季冰」回來，結果兩兄弟顧著玩也沒清楚記下名稱，最後老闆一問三不知下，只見兩兄弟一人拉一邊的扛回，和個頭等身的麻布袋裝的清冰，當時媽媽只覺得好氣又好笑。

後來吃剉冰時，我還特別要求老闆娘要淋上煉乳，接著才捧著碗心滿意足的坐下，獨自享用起來，此時對街電線桿上的喇叭突然大聲放送起來，一旁剛好有小朋友正奔跑嬉戲著，熟悉的畫面讓我一度想到了知名的手打麵電視廣告：「張君雅小妹妹，恁刀ㄟ泡麵已經煮好了，恁阿嬤限你一分鐘內趕緊轉去……」，原來是當地里長的廣播，要求大家周五的地方大廟祭拜時要戴好口罩之類的提醒，走在這條陌生的台27線上，這才發現，半生已過，竟還有如此多從沒聽過，更沒到過的台灣角落，等著我一一去發掘，剛好利用這次的徒步環島，可以更加地認識這塊土地，和這塊土地上生活的人。

下午再出發時，我們便選擇靠左而行，有別於上午時的靠右，這是因為來到了西岸後，一路北上期間，會自動判斷太陽移動的方位，哪邊有蔭就往哪邊涼快去，早上太陽從東邊升起時，北上右側的路樹會有蔭，到了下午太陽移至西邊，換左邊會有蔭，台27線有時是蜿蜒曲折的兩線道彎路，有時是寬闊筆直的四線道大馬路，

為了避免後方的大義哥走錯路，雖然導航顯示有捷徑可走，然此時寧捨近求遠，只為求走在相同的路線上，也比較不會因為不時的切換而容易發生狀況，之後我才在一處中油加油站休息候駕，緊接著馬上要一起進入屏東市區了，此時見大義哥的表情興奮，腳步也不斷加快中。

　　來到市區後，大義哥更充當起導遊介紹起來了：「右邊是台糖的廠區，左側是棒球場」，邊介紹著還邊說，昨天有問起小芳是住屏東的哪裡，就是在前面的棒球路上，此時的我彷彿聽見一個老人家正訴說著思鄉之情，接著沿市區的一條溪川走去，兩旁綠樹成蔭，景緻優美，隨後經過一間偌大的玉皇帝廟，穿越幾條巷弄後，才終於抵達大義哥的老家，正座落一處社區大門的右側一樓，按了聲門鈴，只見一身穿牛仔熱褲，身材玲瓏有致的女生走出來應門，原來是那兒媳婦，平常閒賦在家，打理居家的一切，入內一看，特意打通的客廳顯得偌大寬敞，中間擺著一檜木製的泡茶桌，近三米長的不規則形狀，旁邊則是一樓裡唯一的房間，後方的飯廳則閒置充當遊戲區使用，兩廳之間的廊道，櫥櫃上擺放數只精緻的玻璃水壺和多款年分久遠的名酒，後頭一側是拉門設計的浴廁，最後面則是泥牆改建的老式灶腳（廚房），大義哥此時說起，人在產險公司當業務經理的兒子其實還比我小一歲，早期他們一家人是住在上頭的二樓，一樓原是開餐廳的，商家搬走後才把一樓買下來，還全部打通充作客戶好友的接待所，不過孝順的兒

子還是特地保留了一間房間，給常來看孫子的大義哥使用。

　　大義哥說今晚他的房間就留給我睡了，會方便些，他們一家子則全部上二樓睡，也就是說整個偌大的一樓我全包了，實在感謝！兩個寶貝孫女之後下課回來，一進門就「爺爺、爺爺」的叫嚷著討抱，一副撒嬌模樣，兩孫女一個讀國三，另一個是國一，兩人竟都是羽球好手，大孫女還是屏東第一名的羽球女將，現在長期住教練家培訓，今天是特地回來看爺爺的，後來大義哥帶我到外頭的住家附近隨意晃晃，媳婦正準備晚餐著，打算炒幾道下酒好菜，一會兒兒子下班回來好聚聚一同吃飯喝酒，大義哥還通知了小他三歲的弟弟也一起來敘敘，這附近的晚上還算熱鬧，我趁機在一超商補貨，把那吃的乾糧，喝的舒跑和抽的菸都給一併補齊了，這才返回，此時大義哥的弟弟正騎著機車過來。

　　大義哥讓我先行沐浴後在房間休息，換洗下來的衣褲則由他兒媳婦代勞之後接著晾乾，明天早上記得收拾即可，隨即與他患有青光眼，夜間視力不太好的弟弟在客廳閒聊起來，等著遲暮未歸的兒子回來，弟弟的閨女剛好來電，得知爸爸是在夜晚視線不佳的情況下，還騎乘機車過來大伯這兒敘舊，著實的碎念了好一會兒，看來和大義哥一樣，都得到寶貝女兒的特別關照啊！沒多久，在高雄通勤上班的兒子總算是回到家了，怎知一進門，頭也沒抬的便叫了我一聲：「叔叔好！」心想，拜託，我也才大你一歲而已，叫叔叔也太傷人，但不知者

無罪，可能以爲爸爸的朋友都算父執輩的吧。

晚餐時，兒子還特地開了一瓶年分和他年紀差不多的白酒助興，一家子一夥人就這麼談天說地，共享天倫之樂，心想，這應該就是我此行更改行程的最大用意啊！歡樂時光總是過的特別快，結束之後，大義哥說明早六點準時出門，他兒媳婦會一早會幫我們準備肉排三明治和牛奶當早餐，好讓我們可以在路上的車子裡頭吃，隨後他們就獨留我一人在一樓，接著全上了二樓休息，夜裡，暗光鳥（夜鶯）在外面的天空上啼叫個不停，我到外頭來抽著菸，竟也想起了人在嘉義的父親和弟弟，於是當晚心裡面又偷偷地做了一個三天後的決定！

第15天
楠梓到新化39K　老街168民宿

一一一年四月十二日　第15天　楠梓到新化39K
老街168民宿0928735221

　　暗光鳥隱約啼叫了一整夜，連天亮時也叫著，所以沒怎麼睡好，大義哥倒是很準時的來叫門，說兒子已經去開車，準備載我們前往今天的起走點，高雄楠梓的龍陽商務旅館，我隨後上了車坐在後座，沿途在車子裡邊享用大義哥兒媳婦的美味早點，邊聽他們父子倆在前座的對話，和前一晚的話題差不多，大抵離不開大孫女接著準備上雄中的體育班，繼續精進羽球實力，希望哪天能和小戴一樣，有機會為國爭光，但肯定要花上不少錢，經過半個多小時，一度還上了國道這才抵達目的地，隨即放我們下車，好接續我們的徒步旅行。

　　甫下車，一時之間竟分不清東南西北，還在一處高架橋下的交流道口給卡住，不知往何處走去才能順利接上台一線，折騰了好一會兒，這才發現遠在天邊近在眼前，就在我們頭頂的正上方，還是大義哥的眼睛犀利，瞧見一旁有個人行階梯可以上橋，這才脫困順利的上路。

　　此時正逢上班尖峰時間，馬路上的人車擁擠，就連機慢車道也不例外，因為六線道的大馬路過於寬闊，不

利於橫越馬路到左側逆向而行，索性甘冒著被機車追撞的風險，順向走去，總算來到有人行走道的路段，這才稍微鬆了口氣，接著一路經過了橋頭區，和因道路施工而塵土飛揚的岡山車站，準備接上「台19甲」，我們在一處全家超商前打算休息片刻，卸下裝備這才發現，該糟，我的背包竟開口笑，而且幾乎是呈現裸露的情況，可能因硬把頭盔給塞了進去，以至於撐壞了背包所導致，此時驚覺我的薄外衣竟不翼而飛，檢查了一下，還好只丟了香菸和打火機，最重要的錢包剛好沒擺裡頭，否則事情更大條，向來惜物的我，還一度原路折返，回頭跑去想撿回那外衣，可惜天不從人願，跑了將近五百公尺仍沒發現蹤影，這才死心！因為那件薄風衣我經常穿，很是喜歡，而且畢竟一路上還可能用的上，怎知屋漏偏逢連夜雨，船破又遇頂頭風，這時拿起水壺來喝水，吞下一大口後竟發現，水壺裡面竟有異物飄浮著，心想該不會等等路上拉肚子吧！可能是這兩天的白天太熱，我幾乎都會注入半壺的舒跑稀釋來喝，但晚上又沒認真洗水壺，僅隨便沖個清水了事，以至於瓶身裡頭早已孳生霉菌，原先還以為是瓶身表面給風吹日曬才不以為意，這下也只能暫時買水來喝了。

被這麼一折騰，心情或多或少受到影響，可是後面還有一大段路要走呢，而且和之前的東岸行不同，現在可能一天就得橫跨兩三個縣市，往來的路線繁雜，省道和縣道之間得不時切換著走，甚至不乏鄉間的田埂陌路，一定得平心靜氣才行，只要人此刻仍安好，其他都

是小事，不足掛齒，於是幾次的深呼吸後，重新調整了一下心態，總算是上路了。

　　沿著台19甲走了一段，經過國道一號的高架路段，此時導航顯示要左轉接「高14-1」的潭底路，沒想到那路竟是在馬路下方涵洞的鄉間小路，我們還得要順著一旁的邊坡滑下，接著踩過泥濘的田埂阡陌，這才順利接上，「走在鄉間的小路上，暮歸的老牛是我同伴」，民歌時期創作歌手葉佳修的歌此時在我腦海裡響起，襯托著此時周遭的鄉村風光，於是就這麼一路田野為伴，阡陌為鄰的走著，來到玉庫崑崙宮旁的社區活動中心才停下休息，對面民宅的一對老夫婦正吵的兇，妻子最後憤而離去，邊走還邊碎念著，周圍的鄰居並沒打算調停，只顧看起熱鬧，隔岸觀火，免得公親變事主，和一旁的我們沒兩樣，於是喝了幾口水後再次上路，接上了「高9」，又走了好一大段，才來到與「台28」交接的一處傳統柑仔店前停下休息，只見店一旁有兩張桌子可供坐下休憩，其中的一張早已有人邊看著報紙邊喝起咖啡，當然我們也買了結冰水和舒跑，好名正言順的在另一張桌子坐了下來，此時烈日當頭，感覺到連空氣都在悶燒，正滾燙沸騰著。

　　我注意到斜對面有家小吃麵館，於是便和大義哥前往光顧，可能是放眼望去僅此一家，商家生意還不錯，一旁經過的車子陸續在路邊停靠下來，沒一會兒便告客滿，我們點了兩碗麵和一盤小菜，打算配上冰涼啤酒消暑，店裡僅老闆娘獨自一人正七手八腳俐落上菜，我們

吃完隨卽讓座，因爲有人就站在桌邊等著，所以不敢在此午休，索性又回到柑仔店，於是又買了罐裝咖啡和菸，才得以問心無愧在此午休，趴在桌上睡了起來。

約莫一小時後，我才叫醒大義哥，隨後便自個兒起身上路，同時要他等等好了後，直接過馬路往北繼續直行，他回說：「好，沒問題！」沒想到，不一會兒他竟然逕自往東走去，幸好人在前方的我，不時回過頭來有見著此幕，趕緊打電話把他給叫了回來，不然就南轅北轍，各奔西東了。

之後依然沿著小徑走著，兩旁有趣的宮廟名稱吸引了我的注意，「九女宮」和那「三奶宮」，猜想九女應該是九天玄女醬肉之類的，可是三奶呢，我只聽過包二奶，此時想到了張愛玲的小說《紅玫瑰與白玫瑰》，天下的男人一般黑，得到了紅玫瑰，久而久之便成了牆上的一抹蚊子血，那得不到的白玫瑰，依然是床前明月光，若是得了白玫瑰，馬上成爲衣服上的白飯黏子，而得不到的紅玫瑰始終是胸口的一顆硃砂痣，一語道盡男人的壞，索性把紅白玫瑰都給包了，然這地方竟連三奶都有，眞替他們的男人幫感到慶幸啊！隨後過了一座無名小橋，這才注意到一旁農舍的地址變成了「歸仁」，原來我們方才已跨過高雄，來到台南了，我跟身後的大義哥此時莫不感到歡心鼓舞，隨卽合影留念同時上傳臉書更新動態，怎知，原先預計後天才約在善化啤酒廠碰面的高中同窗，竟臨時改變心意捎來訊息說，打算提前至今晚的下榻地「新化老街民宿」附近設宴款待，如此

的情義相挺實在太感謝同學了。

　　有時，導航的徒步最近距離顯示還真是誇張，竟把我們導入了僅兩米寬的鄉間小路，一旁的農耕機正在田裡除草整地，捲起了漫天黃土，飛沙走石，幾只白鷺鷥尾隨於後，正虎視眈眈因翻土而起的蚯蚓大餐，一路往前走去，見後方大片西瓜田裡，約七、八個的一群人正忙著採收小玉西瓜，我和大義哥一時禁不住誘惑竟口水直流，索性問起其中一人：「有零賣麼？」怎知那像工頭般的老闆，見我們倆大熱天下徒步環島，一副憔悴的面容，竟佛性大發的表示免費招待，於是命一旁的年輕小夥子取出西瓜刀來現切給我們吃，此時正饑渴的我們馬上狼吞虎嚥起來，邊啃著簡直是甘汁玉露的小玉，邊向老闆道謝著，吃到一整顆肚子都圓起來了，這才善罷干休，表示人住在嘉義的老闆娘還接著請我們喝知名的手搖飲「茶的魔手」，根本當我們自己人一般，面對這些嘉義同鄉如此的暖心之舉，令我和大義哥有如他鄉遇故知，一時之間感動莫名，只能再三言謝，下輩子以身相許了。

　　好不容易才脫離田埂陌路，接上「南157」縣道，此時上方的天際突然一陣的轟天巨響，原來是搭載有雙螺旋槳的大型運輸直升機正低空飛過，見多識廣的大義哥說：「一旁就是歸仁輕航基地，這應該是平常的飛行訓練。」果真是軍人背景出身的，我難得見到飛機飛的這麼低，掏出手機正想拍攝時，卻被路旁枝葉茂密的路樹給遮住，結果只拍到了飛機尾翼，可惜了！

　　之後的導航甚至把我們導入了住宅區，一旁狀似剛午睡起來的住戶，見兩位徒步的陌生人士路過，正一臉狐疑地瞧著我們，就連身邊的看門狗也大聲狂吠著，只盼別把我們當成宵小之徒才是，好不容易才穿過了層層巷弄，總算來到一處路的盡頭，下方是那許縣溪，常言道：路走到盡頭了，還有橋在等候著，正打算上橋通過，這才驚覺那橋早斷了，正封閉施工預計達半年之久，頓時傻眼，一時不知所措，而且因沿途不斷的導航，手機也快沒電了，情急之下又一時尿急，不管啦，先至一旁荒蕪之地小解一下，順道抽根菸再說了。

　　果然，休息一會兒之後，腦袋清醒多了，心想，沒關係的，碰到問題先別慌，一樣一樣慢慢的解決，大不了逢山開路，遇水搭橋就是，大義哥此時說他的行動電源續航力十足可以先借給我用，好！解決了一道難題，接下來如何過橋呢？總不能原路折返吧，可是放眼望去，好像也沒別的路可通，正苦惱著，說時遲那時快，剛剛的荒蕪之地竟有輛機車，從遠處一路上下顛簸，且揚起陣陣風沙的緩緩駛來，這不代表其實是有路可通的，果然天無絕人之路，不然橋斷個大半年，附近居民又該如何是好，於是在多繞了將近一公里的路後，才順利接回原先預定的路線，最後在接回「台19甲」的路口超商小憩片刻後，便一路行抵新化老街。

　　果然是一古樸小鎮，市區中心的老街到處充斥著懷舊的歷史味道，在那一磚一瓦間，一處遺址裡頭設有雕塑地景藝術，兩隻栩栩如生的水牛正浮出水面相視而

望，一旁擬人化的青蛙正翹著二郎腿在滑手機，另一隻則是平躺著仰望星空，恬靜的景象令已走了一天的我，心情也跟著平靜了下來，可能因門牌標示不清，加上沒設置招牌，我們一度找不著下榻的民宿，原來是和一旁的手搖飲店使用同一個大門出入口，這才在兩邊共用的工讀生指引下順利入住，一晚要價1800元而且只有一張床，隨後搭乘了一部僅容身四人的小客梯上了三樓，民宿老闆娘方才現身，我們向她多要了一床棉被和兩瓶礦泉水，她表示沒問題，但洗澡的話因為是燒鍋爐所以要等半小時才有熱水，後來又送上了被子和水，便沒再見到她人影，我隨後將被子鋪在床邊的地板，表示今晚要睡地上，大義哥說那就不跟我客氣了，其實我在家裡也睡和式地板十幾年了，僅鋪個5公分厚的床墊而已，真的一點都不會介意。

　　高中同學此時來電，問我們是否已走到新化，同時約了晚上7點，於老街上的「重慶迎久熱炒」為我們接風，我等不及那鍋爐燒好水，隨即衝進有著一大面窗戶的浴室，想先洗好澡再前往用餐，雖然我自信不怕人看，但畢竟害人長針眼不道德，還是拉上了兩側的窗簾，才爬進大浴缸痛快的洗了冷水澡，真是舒服啊！接著還拿了飯店提供的未拆封牙刷，將我那長霉的水壺給徹頭徹尾的清刷一遍，才恢復煥然一新，終於有乾淨的水可以喝了。

　　話說晚上設宴接風的雷同學，是我嘉中的同窗好友，老家住嘉義鹿草，後來因南科工作的關係，擔任教

師的妻子剛好也在鄰近山上的某學校就教,所以目前兩人住台南善化,這裡說的「山上」,並非真的是在那深山裡頭的山上,而是台南的某個名叫「山上」的小鎮,台灣其實有很多有趣的地名,就好像有「山上」當然也有「水上」了,我和雷同學其實很有緣,上次我在蘇花健走時,還碰上他正在機車環島中,有一次還在台北淡水的排骨名店巧遇,之後我還帶老爸去他鹿草老家附近的山產餐廳一同吃野味呢。

之後同學準時的現身旅店門口,車子停妥後便引領我們走到熱炒店,嫂子和友人此時早已先行入內等候了,見我們一行人抵至,索性直接點了要價2000元的合菜來吃,沒想到這老街上的店還真是名不虛傳,竟是意想不到的美味,除了料多味美的啤酒鴨火鍋,特調的糖醋脆皮黃魚更是酥脆爽口,還有那滷到入口即化的豬腳蹄膀,以及好幾道既麻又辣的川菜料理,每道都是精心料理的下酒好菜,同學和他鄰居友人一副酒國英雄的樣子,直接每人一瓶不囉嗦,完後接著再上一輪,我和大義哥則點到為止,微醺就好,但仍是十分感謝他們的熱情款待。

席間,可能因熱炒店內人聲鼎沸,大義哥意外錯過一通未接來電,原來是他當地的友人剛帶上兒子來訪,結果到了旅店找不到人,留言已先行返回,之後大義哥趕忙回電,才把已在離開路上的他們又給叫了回來,所以先行致歉離席,我因不勝酒力,不久後也向同學再三的言謝,接續道別打算返回民宿休息,回到旅店門口的

戶外座位區，大義哥此時正和他的老部屬同袍及兒子敘舊中，我向他們點頭示意後便先行上樓休息了。

　　睡前，我反覆回顧著今天一路走來導航所建議的路線，可真說是百轉千迴啊，部分路段還有種「千山鳥飛絕，萬徑人蹤滅」的味道呢，心想這絕不會是寶哥所屬意的團體路線，但導航也顯示著，不管開車，機車或是單車的路線都是超過40好幾公里的路程，也不吻合行程表上的39公里，正納悶著寶哥真正的步行路線到底是怎麼走的啊？但不管怎樣，我依然覺得今天那猶如探險般的行程，還真是有趣，讓我看見了許多不一樣的風景，當然，也看見了最美好的人！

第16天
新化到新營37K　歐堡商務旅館

一一一年四月十三日　第16天　新化到新營37K

歐堡商務旅館06-6359577

　　坦白說，我是一個相當愛物惜物的人，很多東西堪用則用，就像背包拉鍊上的拉環老早斷裂不見，但只要是拉鍊還拉的上來便捨不得丟，水壺則是鐵馬家庭單車環島時贈送的，也已經使用了六年，但因實在是太好用，滴水不漏，直到今天仍是愛不釋手，反倒是參加其他單車團贈送的水壺，因為漏水嚴重早丟了，所以平常的我不管是騎著單車或登山健走，甚至南下嘉義，幾乎都會帶上它，和那款舊背包一起，簡直就是這些年來一路伴我行的好夥伴。

　　一早醒來，裝滿著水壺時感到很開心，因為清理過後的水壺感覺就跟新的沒兩樣，我整裝完畢後便先行下樓，和大義哥約晚點兒六點半時在民宿門口集合出發，於是把背包等裝備先擺在門口旁的戶外座位區，原本想說直接到對街的小七超商解決早餐，怎知走到門市才發現，外面的招牌還在但裡頭早已人去樓空，只好返回老街的入口處，一家賣鮮魚粥的店裡頭坐了下來，一碗要價近百元的鮮魚粥還真是料多味美，不一會兒。大義哥也過來一旁坐下，但他只叫了一碗20元的滷肉飯便隨意

解決了早餐，不久我們便著裝出發了。

　　相對於昨天百轉千迴的行程，今天的路線倒是容易多了，待會兒沿著台19甲直行，之後右轉接上台一縱貫線，便可一路走抵新營，沒錯，就僅僅這麼兩條大馬路而已。

　　好不容易走了約莫5K，出了新化，經過一旁的遠東科技大學，打算在一處大馬路口旁的超商休息，咦！這才發現台1縱貫線到了，果然名不虛傳，位於嘉南平原的此地，道路超級寬闊，路面相當平整，但正值上班尖峰時間，路上車水馬龍，路口對面就是新市車站，交通告示牌上寫著向左轉可抵達永康，這才想起單車環島時有一晚曾夜宿在永康的五星級飯店，但此刻我們是要右轉到善化，拿起身上的水壺一經比對，確實是這樣沒錯，因為那單車環島贈送的水壺瓶身上，清楚刻畫標示著每天各個停靠的鄉鎮地點，包含各點之間的里程數和相對的海拔高度，這也是我之所以愛用這壺的原因之一。

　　因為路上的人車實在太多，短暫的休息過後，為了安全起見，我們選擇靠左逆行，但不一會兒便後悔了，因為太陽此時已經從東邊升了上來，高高掛起，只好在下一處路口又穿越了斑馬線過來，選擇靠右順向而行，也好有路樹可幫忙遮蔭，走著走著，經過了統一企業的新市廠區，往內望去，只見偌大的廠房，一群人正魚貫而入的走進去上班，讓我不禁想起過去台灣紡織業的全盛時期，工廠裡頭勞力密集的畫面，早已不可同日而語，之後打算路邊休息片刻，但我注意到一旁路樹邊的

立牌上寫的警語：「此區間路段的行道樹感染褐根病，容易傾倒請勿靠近！」，於是作罷繼續前行，此時前方突然迎面走來一對男女，雙方人馬正對峙時，忽然相視而笑，沒錯，正是你想的，又遇上這一路上的第六組徒友了。

然和之前不同的是，通常都是我們在逆向走著時，會碰上迎面順向而行的徒友，但這次竟然完全顛倒過來，終於有人選擇逆向行走了，而且是一對貌似恩愛的夫妻檔，該不會也是同我們想的一樣，想走這一側方便遮蔭吧！先生此時說他和老婆都才剛從職場退下來，打算花上50天環島一圈，聽見我們竟是打算只花23天感到驚訝不已，尤其是大義哥已經高齡79歲，我說他老當益壯，一路上健步如飛，再7天便可以走回到台北了，一旁美麗大方的太太還要求與我們合照留影，接著雙方才互道珍重一番後，往著相反方向遠離而去。

誠心誠意的祝福他們一路順風，還有這一路上碰到的許多徒友們，大家都能實現夢想，當然，我們也不例外。

原本和同學約定碰面的善化啤酒廠此時出現在馬路的左側，門口前方有個特地打造的巨型啤酒活廣告正醒目的佇立在側，園區內兩根大大的黑煙囪走過世紀正奮不顧身地衝向天際，好想前往好好的暢飲一番，但因馬路實在太寬，我們竟偏偏走在這右側，且偌大的廠區內，究竟位於何處也不知是否零售，諸多不便下於是選擇放棄，逕自前行，又過了一會兒，終於來到雷同學

指稱的一生一世之地，原來是那里程牌「台1的314K」啊，有意思！對老婆向來寵愛有加的同窗來訊說，他就住在這告示牌附近的一棟黃色屋子，可是我放眼望去，還不少屋子都是黃色的耶，無非就是想昭告世人，他對家人一生一世永無止盡的愛啦，我和大義哥竟也苟同的輪流在那里程告示牌前分別拍照留影紀念，算一算，其實環島之旅也差不多完成三分之二強了，我們預計只打算走到捷運迴龍站，便結束各自搭乘捷運返家，所以扣掉14只剩300K左右了，心裡面默默的為自己喊聲：加油！勝利在望了。

　之後經過那曾文溪橋，底下流淌而過的曾文溪算是嘉南平原最重要的河川，因為名字和我同姓曾，所以感覺異常親切，於是一度停了下來，在橋頭的碑牌前自拍留影紀念，此時太陽已經高掛，暑氣逼人，附近卻連個超商影子都沒有，這才想起方才似曾撇見路旁的超商指示牌顯示「前方10公里」，根據過往的經驗，最近也得要走個10公里以上，所幸台灣除了超商的密集度舉世聞名外，偶而點綴於路旁的檳榔攤也是一絕，我們在名為「戀戀檳榔」的攤子前停靠打算休息片刻，已過花甲之年明顯圖文不符，史詩般阿嬤等級的檳榔西施說道：「天氣哈膩熱阿滴走路。」只差沒講，正港是憨仔！我買了結冰水和舒跑打算用來與炙熱的太陽拚搏，同時在一旁抽起菸來歇腿片刻，沿路很關注我們動態的雷同學此時才捎來訊息說：可以在善化啤酒廠喝一杯再上，我回著因不清楚有無零售販賣所以沒進去，且早已經路過

了，他又接著說：那等會兒還會經過「隆田酒廠」，因我在方才路過的告示牌也隱約看到「隆田」兩字，於是便回說好像也已經過頭了，然對周遭路線瞭若指掌的同學嚇了一跳接著回說：照這種速度前進，那新營可能中午前就會走到了，哈哈！原來是我搞糊塗了，後來才在接近中午時分，見眼前四下仍是一片荒涼，毫無棲身之處，正慌亂著可以停靠哪兒午休時，這才終於看到一旁指標上寫著「隆田酒廠右轉200公尺」，直呼簡直是救命符出現。

　　進入酒廠後，我們在園區內一旁的木造涼亭處卸裝休息，此時裡面已有一人也在那亭內，正看著手機上大聲播放的影音視頻，沒甚麼理會兩個走進來的徒步之人，一問之下才知那人也是酒廠員工，正值午休時刻，他向我們表示，這酒廠早期的員工曾高達數百個，這幾年離的離，退的退，員工只剩三分之一不到了，一旁就是那服務中心，裡面有零售啤酒和酒廠自製冰棒，我於是隨後進入，先經過了一旁的酒類展示館，便來到那販售處，買了冰櫃內的少年郎啤酒（Wolf Beer）和兩隻糯米口味的冰棒，除此外，沒有提供甚麼吃的可供填飽肚子，於是只能和大義哥先以啤酒和冰棒果腹了，之後索性在那涼亭處直接躺平午睡了，反正也沒甚麼人客。

　　一小時後，我們起身準備繼續下午的行程，出發前還先到一旁的洗手間再次小解，我又在後頭的吸菸區抽了一根菸，大義哥則將毛巾沾濕擰水後擦擦身體，讓自己醒腦一下同時消消暑，隨後便拄著金箍棒般的杖身，

彷彿回到少年郎的我們再度動身出發了。

　　沒錯！下午便得切換到馬路的左側逆行，因為至少會有點兒陰，涼快些，就跟台灣特有的龐大機車族一樣（別說你沒看過台北橋的機車瀑布），對於在大熱天下曝曬的騎士來說，電線桿或紅綠燈號誌的一點點陰都顯得彌足珍貴，午後的一路上沒甚麼車子，經過的路段，僅剩的一排房子好像也早已人去樓空，全閒置荒廢著，唯一門前仍有鞋子擺著的一戶人家，前面大型鐵籠裡的看門犬隻正撕牙裂嘴惡狠狠的狂吠著，彷彿見著好久不見的人影膽敢踩進牠的地盤似的，好不容易才來到官田的一處路口，終於見到那令人思思念念的OK超商，但可能是疫情轉趨嚴峻的關係，商家並無開放內用，所以我們也僅拿了一些方便的麵包熱狗之類的，然後直接坐在門口前面吃了起來，這才享用到午餐，已經是下午兩點多的事。

　　之後來到六甲附近，心想台灣有六的地名好像也不少，我知道的便有嘉義的「六腳」和高雄的「六龜」，這裡是第一次聽到的台南「六甲」，只差一點就變成那「龜甲萬」甘醇醬油了；路旁清一色是土角厝的老式三合院，一路向村裡頭沿伸進去，讓我想起了一樣位在台南縣的麻豆海浦外婆家，小時候常去，附近周遭也都是這種房子，雖然大都時候我都自稱是嘉義人，但其實我的身分證是R開頭，是道地在台南佳里的佳里興出生的，出生之後兩個月才舉家遷至嘉義呢！

　　又經過了許久片刻，此時兩旁的人行走道散落著

厚厚的枯枝落葉，感覺好像許久沒人清理過，穿著涼鞋的我最怕這種路，因為又得要不時停下來清除溜進鞋底作客的小石子，呃！前面遠遠又出現了人影，正獨自一人迎面的走過來，這不正是那掐指一算已是第七組的徒友嗎，又狹路相逢了，可見同時間正在島上徒步的人還真是不少啊，他說他是跟著大甲媽一起下來的，但沒跟著媽祖回鑾，乾脆接著南下打算整個徒步環島一圈，還說他是臨時起意沒甚麼事前規劃，一天只會走個十來公里，等等想在前面的六甲附近便找地方落腳，我心想那地方真能找著落腳之處嗎？有點懷疑，但反正生命自然會找到出口，祝福他有志者事竟成囉！

　　沒多久，我們在一處挺大的小七門市稍作停留，但只是在戶外座位區休息歇腿，沒有入內消費，一旁的綠色草皮上有兩隻雕塑逼真的酪牛母子正坐臥著，旁邊的樹梢上隱約可看見兩隻雞飛上枝頭，也不知到底是真是假，不過雞是會飛的，這我倒是十分肯定，因為小時候就曾看過那雞飛上了屋頂，原來此地是統一超商的林鳳營門市，更裡面一點就是那著名的林鳳營車站，此時，一台大貨車迅速俐落地駛進停車格，而且一次到位，才心想這名駕駛技術還不錯，沒想那下車來的竟是一名年輕女子，我好奇使然便一路的瞧著她走了進去店裡，買了東西之後，再走出來上車駛離，然後就這麼目送她離去，儘管看似萍水相逢，但佛說：所有的遇見都是一種償還，若無相欠怎會相見，也許，在我過去的累世，曾經欠她一個好好的道別，此刻的目送也算是。

　　最後在經過兩個大小不一的柳營和新營車站，才終於看見遠方坐落在縱貫線旁三百公尺左右的歐寶汽車商務旅館，是在一座高架路橋的下方處，而且是在鐵道的對面，所以一定得過橋再繞回，我幾乎是用盡當天最後一口氣的爬上又爬下了橋才總算抵達，橋下方停了很多的大型聯結車，心想這裡應該是很多大車司機長途的停靠過夜處，我們的兩人房一晚要價1680元，在辦理入住後順便問老闆附近哪裡有吃的，結果得到的回覆竟然是得坐計程車才會到，不然的話就是自己叫外送，最後怕麻煩索性直接跟老闆買了泡麵和啤酒，打算在旅館的房間內解決，也好早點休息，至少隔日一早還有附贈的早餐可以享用。

　　明天打算複製屏東模式，直接走回嘉義老家過夜，又省下了一晚的錢，所以趁夜裡趕緊直接預定後天晚上到員林的飯店，沒想到對方的回覆竟然是已經配合政府轉型為防疫旅館，天啊！只能趕快用訂房網搜尋附近旅宿，才總算訂到了員林市區內的蜜雪兒精品旅店，但離了三公里遠，等於當天原本要走的42公里再加上3公里，一共要走45公里遠，大義哥回說：「走就走吧！大不了走到天黑而已。」說的太好了！反正前一天多走，後一天便少走，也是啦。

　　之後半夢半醒之間，旅館的電話響起，我一接，是櫃台老闆打來的，說大義哥委託送洗的衣服已經好了，但裡面好像有一大疊數萬元的現金放在那褲子裡沒拿出來，有點給洗爛了，要大義哥趕緊下樓領取，媽呀！我

趕快跟此時還沒睡的大義哥說：「你是不是把現金放在送洗的褲子忘了拿。」，他才說好像是，但也不見他著急似的，還不慌不忙地做完手邊的事後才慢慢走下樓去，反倒有點乾著急的我等他上來時問起，他才說，還好現金放在透明夾鏈袋裡面，只有稍微浸泡到而已，晚點兒他用吹風機吹乾即可，心想沒事後我又逕自睡去，半夜再次醒來時，一度看見大義哥正枯坐在他床頭邊的三人座的沙發上，身邊滿是那千元大鈔，正一張一張平整的攤開晾乾著，彷彿像是坐在那金山銀山堆裡，有點逗趣，讓我一度搞不清楚是在夢境亦或是真實的。

第17天
新營到大林38K　東方大旅社

一一一年四月十四日　第17天　新營到大林38K
東方大旅社05-2652219

　　原本今天的目的地是要走38公里到嘉義北端的大林，但和屏東一樣，因為賦有了特殊的意義以至於更改了行程，打算直接返回嘉義老家探望老爸，同時提前幫他慶祝75大壽，隔天早上再麻煩弟弟開車載我們前往大林接回預訂的路線卽可，可是屏東當時我刻意的早起先逛了一大圈的大鵬灣風景區，把那少掉的12公里的里程給當天補足了，但這次因為走回到位於嘉義市的老家，導航顯示只有23公里的路程，整整少掉了15公里，該怎麼補上，我沒有答案，再見機行事吧！屆時能補就補，不能補就算了，反正這是我自己的人生，我選擇當起自己的GPS，自己作主。

　　前一天，人住在嘉義太保一路都很關注我們動態的同鄉「K大」，便主動詢問當天行走的路線，打算有空便到那路上看看我們，順便加油打氣一下，只可惜人最後沒出現在縱貫線，今天一大早又約中午左右會在水上鄉的北回歸線太陽館接駕碰面，會不會準時出現我也沒把握，一切隨緣了。

　　約7點左右在房間享用完旅館提供的外送早餐後，

我便提前整裝下樓，先到外頭來等著，此時見一名司機比我們更早出發，已經拎著早餐爬上了停放在橋下的聯結車，技術純熟的駛離而去，當下心裡很佩服這些司機每天早出晚歸的，還能開著這麼大的車子在外頭四處奔波，不容易啊，這才深深覺得，成年人的世界，哪有「容易」二字，士、農、工、商，每個人都各自努力餬口，盡力的拼博著，甚至是持家的主婦，煮夫也算（趕緊幫自個兒說個好話），洗衣煮飯，拖地打掃，樣樣都來，能輕鬆嗎？所以歲月靜好，因為總有人為我們負重前行，縱使不能知恩圖報也要時時懷抱感恩啊！隨後等到了大義哥走出門來，我們便爬上昨天過來的陸橋，在橋上開心地合照留影，接著不久又回到了縱貫線，朝我的故鄉「嘉義」風塵僕僕地出發了。

也許是擋不住的好心情使然，感覺沿途特別的風光明媚，步伐輕快，彷彿那路隨心境開，沒多久便來到後壁高中，打算和緊跟在後的大義哥在此處歇腳，此時學校上課鐘聲已然響起，可是校門外頭仍有不少姍姍來遲的學生，還背著書包不慌不忙地走著，有男有女，我看著馬路上方的指標路牌，意外發現一個我第一次聽到的地名「長短樹」，心想台灣有趣的地名還真是不少，這個算特別。

之後又經過「下茄苳」和「上茄苳」，來到了八掌溪橋，下方流淌而過的八掌溪便是台南和嘉義的交界處，早期的八掌溪事件，幾名工人因溪水暴漲在上游溺斃的光景仍歷歷在目，隨後過了橋便正式踩上自己故鄉

的泥土，我腳步顯得更加的飛快，不久穿過了南靖車站，和大義哥的距離又再度地拉開；路旁的一間檳榔攤裡頭，風情萬種的西施吸引了我的注意，只可惜她的目光顯然沒有放在我身上，反而落在我身後正快跑著的腳步聲，只見一人神色慌張地從我身後追上前來，還小跑步到前面的路旁忙著架起腳架，好像記者般似的準備攝影採訪，定睛一看才赫然發現竟是提早現蹤的K大，正打算幫一路風塵僕僕，從台北徒步過來踏上故土的我來個專業的美拍，頓時感動莫名，差點老淚縱橫。

　　K大在過去我們徒步的這些日子裡，其實相當欽佩與我同行的不老勇士風範，我說那大義哥還在後頭尚未抵達，他回說剛剛在南靖車站早已見過大義哥了，當時還逗趣的謊稱自己是記者身分想採訪他，實在太搞笑了，K大平日為人就是常搞神祕但又趣味橫生，自九年前在臉書首度加他為好友，直到去年底我從職場退下後，第一次約見面才總算親眼看到本尊，當時我還表示罹癌老父也要隨行，他霸氣的回說我想全家人都帶上也行，後來便請我們到東石吃海鮮，席間還特地幫我老爸親手剝蝦，只能說太貼心，這次其實是第二次見到他本人。

　　專業的相機拍起來就是不一樣，我非常喜歡其中的一張，是張背面的特寫，迷彩遮陽帽，鼓起的藍色背包，粉紅短袖上衣搭黑色運動短褲，露出黝黑烏金的小腿，不仔細看還真看不太出來是穿著涼鞋，雙手拄著健走仗，踽踽獨行的走在縱貫線一側，前方一輛閃著後燈的砂石車正路邊停靠在一旁「第一名檳榔」前，逼的另

一輛機車只能內側超車繞過，馬路的前方有條東西向的快速道路橫互而過，經典畫面一看就是令人神往的徒步環島；這時，隨後而至的大義哥也跟著入鏡，兩人就在路邊擺出各種撩人姿勢當起了專業麻豆來，只看過重機騎士或馬拉松路跑被追焦，這還第一次看見連走路也可以，之後一路被K大追焦了七公里，才來至先前約定的水上北回歸線太陽館，先前我兩次的單車環島均有在此站停靠，兩次爸爸和媽媽都有前來探班，隨著每次團員人數不同，九年前的第一次是帶了粽子72顆，六年前的第二次則抱來一顆大西瓜和30只枝仔冰，我至今仍印象深刻，尤其是第二次和爸媽的合影留念後，怎知老天捉弄，竟是最後一次，三個月後媽媽竟突然意外罹病離開我們了，有道是樹欲靜而風不止，子欲養而親不待啊，此時已接近午時，我們三人便直接前往對面的小七統一超商休息用餐。

熱情的K大原本還表示要招待，我說萬萬不可，上回第一次見面已經讓他破費了，況且現在是我的地盤，所以當下表示三人的午餐都算我的，期間K大還不斷向大義哥請益，包括養身之道以及人生最重要的事等大哉問，企圖在有限的時間內盡量的挖寶，之後為避免耽誤我們接下來的行程，這才告別離去，我和大義哥則是放棄午睡緊接著出發，想抄捷徑進入市區。

後來我們一度找不到那捷徑「嘉油鐵馬道」的出入口，還在太陽館外頭繞了一圈才找著，這裡其實是中油的舊鐵道改建而成，全程3.5公里的自行車道，兩旁路樹

成蔭，同時保留舊鐵道原貌和新規劃兩側的自行車單向道，是在地市民運動散步的好去處，大義哥也直呼好漂亮的綠色隧道，還請我幫他美拍留念，我說其實嘉義有三多，公園多，醫院多，老人多，真的很適合養老，之後不一會兒已經進入市區了，我們為了避免人家說閒話怎早早就收工，還特地又找了一家小七，打算午休片刻後再返回我可愛的家。

　　其實我本來有打算刻意繞路去那嘉義的知名景點「檜意生活村」，亦或是「蘭潭」、「仁義潭」之類的，好把里程數給補上，但後來也不知是歸心似箭或單純就是懶，以至於作罷，想早早回家探望我可愛的老爸，畢竟他去年意外發現罹癌，才剛完成半年的化療，我之所以提早退休的原因，這應該也是其中之一，不想再有像媽媽一樣的遺珠之憾，想有多一些時間陪陪爸爸，他從年輕時便一路辛勞，說是當苦工一點都不為過，每天在工地風吹日曬，曬得跟黑人似的，好不容易把我和弟拉拔長大，兩兄弟大學還都念私立學校，高昂的學雜費只能儉腸捏肚，後來姐姐又因肝病，32歲年紀輕輕便英年早逝，讓他一度哭到斷腸，淚始流乾，連最重要的老伴幾年前也走得早，自己後來當廟公也難逃厄運，疾病纏身，還得接受化療那噁心嘔吐，食不下嚥的痛苦折磨，所以我這近一年來，有空就南下，只要他體力還行，就帶他四處遊山玩水，環島旅行，心想陪伴才是最好的良藥，果然皇天不負苦心人，近日病情才總算是有穩定些。

　　和大義哥一路走回到老家附近的一間藥局前,此時我說想進去添購一些OK蹦或貼布類的,因為原先準備的貼布早已用罄,且腳底板的水泡愈發增多,就連原本才芝麻綠豆般大小的,也已蔓延擴散到50元硬幣般,可能得仿效大義哥直接貼上大塊的撒隆巴斯,好阻絕與外力的摩擦,之後總算是風塵僕僕地走到了家裡頭,一陣子不見的老爸看到我第一句話便笑著說:「怎麼曬的跟黑人一樣啊!」沒錯!連我自己照鏡子都快看不見自己了,只怪南部的太陽太熱情,隨即和年長他幾歲的大義哥問好,表示歡迎來到家裡作客,我接著帶大義哥上了二樓,幫他安排在後廳的獨立房間,因為離廁所最近,半夜尿尿也比較方便,他表示沒問題,我則打算睡在前廳,僅以木板隔間的兩房有走道相通連,是平日和台北家人南下時睡的房間,隨即卸裝休息片刻,等候晚點兒一起上館子用餐,出發前大義哥還在外頭門口前順道和鄰居哈拉了幾句,附近鄰居早已聽聞我和一位長輩正一起徒步環島,如今當面見著了本尊更是驚呼連連,佩服不已,果然名不虛傳。

　　接著我們一行人由弟弟開車接送,前往位於垂楊路口的「體育館碳烤海鮮餐廳」,打算好好的慶祝一下,一則幫我們的徒步歸來設宴接風,同時也提前幫老爸慶生,祝賀他即將到來的75歲大壽,這家餐廳向來就是我們家的最愛,尤其老爸對他們家的炒麵更是讚不絕口,所以我們不管節慶與否,都會前來這家餐廳用餐,知名美食節目外景主持人「納豆」也曾介紹採訪過,我們點

了幾道招牌菜，有吮指回味的胡椒鳳螺，香煎爆炸的苦茶油雞，炭烤的帶花油脂牛小排和嘉義聞名的特色木桶雞肉飯，當然還有老爸最愛的招牌炒麵，我和大義哥則是多叫了今晚不可或缺的「台灣18天生啤酒」來喝，老爸因酒量太差不喝，弟弟則是要開車，所以他們倆以茶代酒，四個男人一時之間杯觥交錯，不亦樂乎，期間，我還向一度向弟弟炫耀著，當初他曾一臉狐疑的問我，到底有幾成的把握可以走完徒步環島，我記得當時回說，沒有三兩三，怎敢上梁山，沒有六七成的把握哪敢走啊，如今，徒步環島已經是志在必得的事了，更何況連79歲的大義哥都沒放棄了！

　　睡前，我滑著手機隨意的觀看臉書動態，意外發現K大竟然在某知名的單車環島社群發布了一則貼文，而且最後還獲得了1.6萬個按讚，700則留言，127次分享，報導內容如下：

　　79歲徒步環島的老先生，

　　行李全部自己揹，沒有行政支援車隨行，

　　17天前從新店啟程，環繞花東後，

　　今天中午走到嘉義水上，

　　每天走40公里，預計再6天走回台北，

　　全程900公里……

　　下頭則是放上K大親自掌鏡拍攝的一張耄耋老人，頭帶斗笠，脖纏毛巾，身揹重包，手持雙仗，徒步獨行於縱貫線上的照片。

　　我曾一度懷疑K大的真實身分很可能是臥底的記

者，果然沒錯，內容圖文並茂，用語精闢俐落，此時我
向還沒睡著的大義哥回報說：「你可能成了網紅！」

　　兩天後，這篇貼文經連續轉載，竟回傳到大義哥
本人，然而他並沒有使用臉書的習慣，直呼還好沒幹壞
事，好事也能傳千里啊。

大林到員林42K　遠東汽車旅館

一一一年四月十五日　第18天　大林到員林42K
遠東汽車旅館04-8233770

　　今天要走45公里，今天要走45公里，今天要走45公里，感覺連夢裡都在囈語，所以起了個大早便到住家附近的南田菜市仔買早餐，打算晚點車上吃，意外發現，市場入口處旁商家有賣春捲，水煎包和冰豆漿，太好了！都是我愛吃的，索性各買了兩份打包回家，南部人清明節日幾乎家家戶戶都會自己包春捲來吃，因為北部賣的春捲裡面包的餡料和南部有所差異，我還是南部春捲吃得會比較習慣點，大義哥也說好吃，但表示分量太多了，我覺得還好，隨後便搭上弟弟的車子前往大林，約半個多小時，早上六點半左右，便放我們在台1線下車，開始了今天橫跨三個縣市的漫長徒步之旅。

　　兩人一路在縱貫線上以飛快的腳步前行，彷彿一縷清風吹拂而過，馬路上因為是上班上學的平常日，所以通勤的人車也不少，大義哥說等等進入斗南要在火車站附近找個朋友，不會耽擱太久，我表示同意，原來是他以前的軍中袍澤部屬，過去曾經幫這人安插過傳令還是小車駕駛的涼缺，退伍後竟一度誤入歧途，後來終日無所事事，足不出戶，大義哥不忍他年紀輕輕便放棄人

生，上次來找他沒找著，鄰居說他人應該在家，但就是不開門，還讓大義哥在外面拍打鐵門許久，最後不得已宣告放棄，今天一定要敲到他開門為止，大義哥這麼說著。

可能那早餐還真吃多了，一到斗南市區，我便覺肚疼急著找便利商店，大義哥索性先行出發逕自找他朋友去了，後來等我追蹤著訊息來到他家附近時，果然，見他兩人此時正在路旁的一戶人家門前聊著，看來大義哥這次總算是順利找到人了，只見一年約四十左右，不算年輕人了，正頻頻點頭稱是聽著一旁大義哥的諄諄教誨，還說他上次真是沒聽到敲門，現在人倒也有在做一些小生意，大義哥最後還向他訂購了好幾罐蜂蜜，同時留下了聯絡地址請他郵寄去台北，這才道別繼續上路。唉！心想，人能渡的，都是願意自渡的人，不過大義哥格局還真是大，能夠這樣的不離不棄，只為挽回一個年輕人的未來。

之後我們跟著導航指示，暫時脫離了台1線，向左切入「158乙」縣道，兩旁盡是一些工業區的小廠房，偶爾點綴了幾間民宅，約莫走了一個小時，在一處超商作短暫停留後，準備轉入「雲71」縣道，此時眼前出現一名狀似學生的年輕背包客，正獨自一人東張西望，左顧右盼的走著，背包上面寫著徒步環島第8天，心想，他是走失了嗎？還是徒步環島也能這麼緩慢的前行，原來，我下次大可不必這麼一路的趕路，以至於錯過太多的當下，「路」字不就是由足和各兩字所組成的，每個人各

走各的路，用什麼樣的速度前進也是，人生路上任我行；後來，我的這位第八組的徒友表示他要沿著158縣道前往虎尾，於是我們便分道揚鑣，逕自切入了雲71往西螺方向走去。

又是一條鄉間小路，兩旁不是那一望無際的綠色稻浪，就是偶爾出現一些鄉下的水泥民宅或傳統柑仔店，若不是這次來徒步環島，可能一輩子也不會路過的地方，附近地名不是叫「半路店」就是叫「三塊厝」的，一旁還有操作割草機的工人正在除草，我們小心翼翼的經過，深怕被那噴濺上來的草刀或碎石給擊中，四周大部分是田野阡陌，連個歇腳之處也沒有，好不容易才來到一處石碑旁總算有個倚靠憑坐之地，此時見四下無人，尿急之下便順便幫農民澆灌施肥一番，只盼來日草長稻壯，後來又經過了西螺分局，導航顯示接下來要在一處路口右轉後再緊接著左轉，雖然已截圖傳訊告知大義哥，待會兒右轉後看到「振興宮」的牌坊隨即要左轉進來，他還已讀回覆OK，但可能是牌坊不甚明顯，竟直直往東走去，所幸我不時回過頭看著才撞見，再度以電話通知他過頭了要倒車，這才回歸正道，隨後過了廟宇，已接近午時，瞧見遠處一旁竟有條車水馬龍的大馬路，於是兩人情商後便放棄導航指示的荒涼小徑，逕自往兩百公尺前方的大馬路走去，因為一路上的經驗告訴我們：大馬路才會有適合的午休停靠處，不管接下來有沒有賣吃的。

果然，過沒多久，路旁便有一處小廟，因為實在

是又累又餓，見仍前不著村後不著店，索性就地午休，我倚靠著廟前雕梁畫棟的牆壁席地而坐，吃了塊餅乾充飢，閉目養神，大義哥則是爬上一旁的吊椅直接躺下睡去，此時眞心覺得，好睡的人眞有福氣。

約莫一小時後才把大義哥叫醒過來，兩人隨即背包上肩趕路去了，人當眞是需要休息的，因爲接著又是活龍一尾的一路走到路的盡頭，向右是接台1走溪州大橋過濁水溪，向左則接舊西螺大橋，我靈機一動決定向右，因爲感覺台一線賣吃的會比較多，果然沒多久，便在一路口處，見兩家攤商比鄰而立，一家是賣蚵仔麵線，另一家是豬血湯，因爲都想吃，於是先叫了豬血湯，請老闆娘直接端過來蚵仔麵線這兒，這不就兩者都可以享用到，皆大歡喜，不知是否餓太久了，只覺那蚵仔麵線料豐味美，豬血湯鮮甜軟嫩，我們吃得滿頭大汗，這才終於祭拜完五臟廟，心甘情願的走上溪州大橋。

好長的一座橋啊，放眼望去根本看不到盡頭，橋下便是台灣最長的河流「濁水溪」，想必那上方所搭建的橋也不惶多讓才是，連接彰化雲林的溪州大橋總長超過3公里，是目前台灣最長的橋樑，後來在那橋上竟走了整整快1小時，因爲橋上的風實在太大，舉步維艱，還吹起了陣陣的「風飛沙」，轉頭一看，大義哥的斗笠感覺快被吹落，只能不停扣住帽子低頭走著，如果剛好又有車子疾駛而過，瞬間連人都被牽扯，此時仍豔陽高照，滾燙的柏油馬路沸騰了上方的空氣，感覺前方出現海市蜃樓的幻影，不遠處還可看見一旁紅色橋體的舊西螺大橋

平行並列著，聽說早期完工之時曾是僅次於美國舊金山金門大橋的世界第二大橋，實在很難想像吧，好不容易總算是過了橋，感覺嘴裡都含沙似的，見路口右側有一賣西瓜的攤商，簡直像救世主出現，我趕忙穿越馬路來至攤商前，見一側整齊排列的西螺在地大西瓜堆疊著，一時口水直流，本想切顆來吃，但因整顆的西瓜實在太大，兩個人肯定吃不完，又不方便隨身攜帶，乾脆點了兩杯西瓜汁來喝，和隨後抵至的大義哥一飲而盡，無比清涼暢快，果然不愧爲炎炎夏日的第一消暑聖品。

　　甫上路，不會吧！前方又迎面走來兩位徒步的年輕男子，已是一路以來碰到的第九組徒友了，我好奇地問了一下：「你們倆是甚麼關係？」不問還好，一問好像有點引起了誤會，對方一名男子回：「什麼什麼關係？」其實我的本意是想問是友人還是同學之類的，但沒想到可能有斷袖之癖的暗喻，我眞的沒這個意思啊！之後他才沒好氣地回說：「是同學啦！」可見說話還眞是一門學問啊，只能說對不起！我錯了。

　　約莫又走了快5K，前方一處檳榔攤適時地出現，我們便在一旁路邊卸裝休息，同時向攤商夫婦買了舒跑和結冰水來解渴，之後大義哥想向他們借廁所，他們大方表示同意，老闆娘還好心地幫忙入內開燈，不一會兒，剛抽完菸的我也想上，但因爲走進去裡面烏漆抹黑，結果一腳撞上高出來的床沿，而且是不偏不倚地撞到小腿的脛骨，痛的直哀哀叫，原來剛剛我沒注意聽到，竟是要踩上他們的塌塌米床才能過去邊間廁所，該死，腳現

在是我重要的資產，可千萬不能受傷啊，唉！算了，看來我還是路邊就地解決方便多了，環顧附近的周遭我倒記起了一點印象，因爲之前大甲媽遶境時有走過，面惡心善的老闆表示說前面過高速公路後就是「寶斗」（北斗的台語）了；之後再次上路，我請大義哥先走，因爲我走著走著，感覺腳底愈發刺痛，竟是整片貼上的撒隆巴斯，因著腳底板的皺褶導致貼布鬆脫扭曲變形，幸好當時不厭其煩的停靠路邊，重新包紮穩妥，否則走到目的地應該整只腳報廢。

我花了近十分鐘才再次上路，因爲單單要掏出背包裡的小剪刀，好裁剪適合尺寸的貼布，便讓我幾乎整個背包都給掀了才總算找著，大義哥早已不見人影，我整整又追了5公里才趕了上來，隨後又經過了田尾，才來到永靖，那原本預計的下榻地，只可惜已作防疫旅館使用，此時碰巧一旁的職業學校剛下課，莘莘學子瞬間一湧而出，頓時塞滿路肩沿途邊走邊聊著，因我們尙趕路中，不得已使出必殺技法，就是面對正面迎來的障礙，你只能用更快的速度迎上去，對方自然會心虛的讓出路來，因爲不要命的最大（驚）。

等到走進員林市區時，天色早已昏暗，心想，本來出發時要帶上反光背心的，可惜最後一刻給拿了出來，現在才覺得受用已是事後諸葛，無濟於事，且適逢下班尖峰時刻，路上人車擁擠，爲避免挨撞，我們只能盡量逆向的走在燈火通明處，然還是被迎面的車頭燈給照的刺眼暈眩，我刻意放慢腳步，否則身後的大義哥可能因

距離太遠而失散，好不容易繞過市區巷弄，見眼前有一處鵝肉小吃店，於是向大義哥提議先行吃飯再進旅店，免得晚點兒還要大費周章的走回來吃，畢竟今天扎扎實實的走過45公里，早已氣力放盡，大義哥二話不說直接入內光顧。

小吃店生意還不錯，店內此時已是門庭若市，人聲鼎沸，我們點了一大盤的招牌鵝肉和米血，和幾道下酒好菜，打算大肆慶祝，又拿下了第十八天45公里的艱難挑戰，大義哥邊倒酒邊說著：「邪門歪道，卑鄙下流！」我一時丈二金剛摸不著頭緒，還以為他在罵隔壁桌的客人呢，原來幽默風趣的大義哥是在說冷笑話，喝過啤酒的人應該都知道，倒啤酒時要將瓶身稍微傾倒，再將酒，順著酒杯緩緩倒入流下，比較不會生出泡沫滿溢出來，所以叫「斜門歪倒，杯壁下流」，我才終於會意過來哈哈的大笑，太有意思了！

隔壁桌的客人實在有點喧嘩，只見一女子與一夥約四、五個男人共桌飲酒，女的可能已經有點不勝酒力了，嗓門竟愈發大聲，全店裡幾乎都聽得見她酒後的心聲，還因搶著斟酒，不慎把酒杯給打翻了，場面顯然有點尷尬失控，著實為她捏了把冷汗，這光景讓我意外想起了當年大學時期，因擔任學校社團的社長，很愛交際應酬，但偏偏酒量不好，酒品甚差，三杯黃湯下肚後，嗓門也跟著大聲起來，真的很盧，直到喝的酩酊大醉，不省人事，這才善罷干休，事後還吐的到處都是，搞的店家老闆要酌收清潔費，待清醒一些，竟大言不慚的

說：究竟是誰，吐的我滿身髒污，每每要當時的女友，現在的老婆幫我善後，還因此險些不嫁給我了呢，也是，誰會想嫁給一個天天酗酒的酒鬼呢，還好後來索性把那酒給戒了，頂多小酌怡情，這才終於贏得美人歸，只能勸世人，莫要貪杯，誤人誤己。

　　吃飽後上路，好不容易夜襲抵達索價1800元的楓華蜜雪兒精品旅館，委身於一處商業大樓內，上頭變更幾個樓層做為旅館使用，格局不大但裝潢氣派，惟個人不太偏好這種大樓內的旅宿，因為各樓層間龍蛇雜處，且逃生不易，然木已成舟，也只能隨遇而安了，還好最後安然的度過一夜。

第19天

員林到沙鹿41K　玉坤田大飯店

一一一年四月十六日　第19天　員林到沙鹿41K
玉坤田大飯店04-26623488

　　越來越像那老人家，半夜四點起來尿尿就睡不著
了，雖然旅店前一晚表示早上六點會提供制式早餐，但
我還是逕自下樓，前往附近的超商提款順便先吃了點早
餐，直到天亮才返回旅店，還在櫃檯前與夜班當值的年
輕男服務員閒聊了幾句，我說和同伴正在徒步環島，他
倒是沒有很訝異，回說他也常會上健身房運動，語不投
機半句多，之後有一句沒一句的等到早餐送達後，我便
領了兩份走回房間，和大義哥用過後便著裝出發了，雖
然今天路程比表定少了3公里，可因為前一天已經先預付
了。

　　我們沿著市區大馬路北上打算接回台1線，途經員林
麗禧酒店，我和大義哥便很有默契的相視而笑，因為這
是我們鐵馬家庭單車環島的住宿地點，當年在那側邊的
停車場頂樓，一票人上路前要先做暖身操，然後才魚貫
的牽著單車下來，浩浩蕩蕩的騎上路，此時我向大義哥
表示，我們一天平均都走5.4萬步上下，數學算一算稍晚
便會踩上出發以來的第一百萬步，在這出發以來的第19
天裡，也因此當來到彰化花壇附近休息時，我們倆隨即

擺起了大步邁出的姿勢互拍留影，也象徵正式跨出那徒
步環島的第100萬步，多麼不容易啊！對於某些300公尺
也要坐計程車的人，那可是花上一輩子也走不到的步數
呢。

　　之後導航顯示要轉入「彰69」縣道，再接上「台
137」的彰員路通往彰化，會來得快一些，彰員路，顧
名思義便是早期彰化員林間的重要聯絡道，但因為是縣
道，所以道路的路幅顯得狹隘，此時大義哥向一旁民宅
前的水果攤商購買了兩根香蕉，竟只要五塊錢，兩人便
津津有味的吃了起來，完後兩人便很有默契的隨手丟棄
至一旁的果園內，心想搞不好還會長出新的香蕉樹呢，
唉！無藥可救，只能說在外流浪了快20天，竟愈來愈
像野蠻人了，不是隨處便溺便是隨意亂丟，沒辦法，出
門在外只能一切從簡從寬了；太陽此時已經悄悄地爬了
上來，我們為了遮蔭便切換至右側順行，但因正值上班
通勤時間，路上人車擁擠，加上路面狹窄，一度險象環
生，我在一路段，身旁已有汽車經過的情況下，竟被一
台硬要從後方擠過的機車給撞上，他的機車龍頭瞬間不
穩還差一點翻車，我則是左手肘後臂被擦破了一塊皮，
血竟馬上滲了出來，更可惡的是，明明已經撞到人了，
他竟頭也不回的揚長而去，害我一時腎上腺素發作，在
後頭逕自破口大罵，媽的！差一點連髒話的三字經也飆
出來，果然來到彰化不知不覺便會出口成髒，所幸只是
皮肉之傷沒啥大礙，趕緊拿出一塊OK蹦給貼上，免得傷
口感染，果然，還是不能貪圖一時涼快，背對著車子果

然意外風險大增，急忙又切回左側逆向而行，在這種小縣道行走還是相對保險一點。

　　還好沒多久總算是又接回台1，進入了彰化市區，來到了一旁是彰化縣政府，我跟大義哥說，三年前我第一次跟著大甲媽遶境回鑾，途經此地，約莫有八百人不誇張，陸續擠進縣政府的一樓大廳，各自占地為王，接著平躺下來比肩並列，頭幾乎頂著另一人的腳直接席地而睡，盛況空前簡直座無虛席，身為基督徒的大義哥聽我這麼一說，感覺參加遶境好像還蠻有趣的，我們隨後來到一處中油加油站，短暫停靠休息上個洗手間，之後準備再出發時，我請大義哥先走，因為我感覺腳下又有異狀，可能是貼布又鬆落了，於是在一旁坐了下來，正褪去鞋襪重新包紮，此時見兩名年約雙十年華的女子迎面走來，一位是高個兒長腿妹，另一位身形中等，兩人均頭戴斗笠，脖纏毛巾，其中一人背後身插令旗紙符，背包下方還綑著一捲睡墊，我一眼便認出是參加大甲媽遶境的信徒，因為曾參加過畢竟眼熟，邢紙符紮得越多，代表你沿途參拜的廟宇越多，越發虔誠，媽祖抬轎的車夫因為是採輪班制，所以可以一路每間廟宇都走進去駐駕，但一般人徒步就沒辦法跟，於是有些人是踩著腳踏車，甚至我還目睹過開著賓士車，沿路的廟宇都進去參拜，然後就可以多拿到一張紙符令，到最後令旗是捆紮的密密麻麻，蔚為奇觀，我開口便問她們二人：「妳們是參加大甲媽祖遶境喔！但怎麼落後這麼多，一般都是提前走在鑾轎的前面不是嗎？」她們這才說沒錯，但因

爲她們昨天有人不舒服以至於在原地多停留了一天，兩女人還一度睡路邊，現在才急著趕忙要追上鑾轎，我又問：「追得上嗎？」她們回：「一定追得上！」於是匆匆忙忙道別離去了。

　　經她們這一說，頓時也引起了我追大甲媽的興趣，沒準徒步環島走著走著還趕上大甲媽的繞境熱，於是我又在原地搞了快十分鐘，才重新包紮處理好腳底的水泡，馬上起身快步追去，沒多久便趕上了大義哥，我跟他說：「走！我們去追前面的兩個咩咩。」果然這兩人腳程飛快，竟已超車大義哥不自知，約莫半小時後，總算見到前面遠方兩人的身影，我們再度加快腳步，這才見她們兩人躲在一旁陰涼處休息歇腿，我跟她們倆問好說道：「嗨！加油！」感覺有點揶揄嘲諷了一下，便逕自和大義哥快步離去，此時心想，這兩個美眉連我們都追不上了，還妄想要追上大甲媽，沒想到說時遲那時快，不一會兒身後竟傳來她們兩人快步走來的腳步聲，企圖超車我們，是可忍孰不可忍，怎能被兩個肉腳的女人給超車呢，我可是當過兵的堂堂中華民國陸軍步兵呢，於是三步作兩步的大步向前，就是不能被超車，怎知這兩位女信眾畢竟也不是省油的燈，尤其其中的一個還是和我同樣身高的長腿妹，她的兩步我可得走上三步才行，於是就這麼一路不分軒輊，平分秋色，最後竟給逼出了時速6公里的驚人速度，期間我還掏出手機將四人全部入鏡自拍留影，走在身後的長腿妹一度還傾身向前趨靠，以那極爲可愛俏皮的眼神對著鏡頭，比了個YA的

手勢。

　　我們就這麼和第十組徒友，一行四人，穿過大肚溪，走上了錯綜複雜的多向車道，一個閃神可能便要走上國道，我在一處分流道錯看了導航，一度以爲兩造雙方就要分道揚鑣，沒想到她們走的路線才是對的，情急之下趕忙在車流飛快的縫隙間給閃切了回來，這才與她們一起走出這迷宮似的交流道系統，來到大肚王田的一家全家超商打算午休用餐。

　　我們把裝備擺在超商外頭，逕自前往一旁的自助餐店享用午餐，因爲感覺已經好久沒吃到自助餐了，竟懷念起那油膩膩的湯汁拌飯，我點了幾道喜歡的菜色，有香腸豬腳青菜等等滿滿的一大盤方才善罷甘休，然後心滿意足的享用起來，吃飽飽下午才會有體力，接著回到超商又買了冰棒啤酒消暑，這才準備至一旁座位區趴著休息片刻，沒想到兩位女性徒友竟起身逕自出發，說她們還要趕路呢，沒辦法，人各有志，只能互道珍重，後會有期了。

　　下午再次起身出發，沿路竟有路邊的大媽招攬起生意來，問我們要不要坐上一旁的進香車，是小貨卡釘上兩片板改裝的，還說很快就到了，以爲我們也是那大甲媽的香客信衆，我也很想追上媽祖，但可不能上車啊！雖然上次參加媽祖遶境時也有偷跑搭便車，因爲當時實在是走不動了，加上天色已暗，我和同行夥伴竟學起電影情節般，試著把手給伸了出去，同時豎起大拇指，就差沒露大腿了，沒想到真的有好心的車主停了下來載我

們一程，當時深深覺得實在是太感動了，台灣最美的風景果然是人啊！

約莫走了5K，來到台1線179K附近，打算停靠對面的萊爾富超商休息一下，此時手機裡路戰隊冬訓先鋒隊的賴群傳來訊息，問我們走到哪裡了，原來是我和大義哥認識的同梯小勇哥，幾天前便主動提起徒步環島來到台中時要陪走一段，我和大義哥一度還質疑著，怎都來到台中好一會兒了還無聲無息，總算是聽聞樓梯響了，但不知道他究竟打算如何的陪走，我們還特地停留多休息了好一會兒，原本猜測會是由他太太開車接送過來，但仍沒等到人，所以再次上路；一路走著走著，隨時注意著身旁經過的車子，猜想著會不會是這一台，那一台的，還在群組裡留言提醒我們是逆向靠左而行，最後，前面一台車子從那右側迴轉過來停靠路邊，我和大義哥心想應該是這台藍色車子八九不離十了，沒想到走到車子旁才發現又錯了，最後一直走了又5K都到龍井了，這才出現一座陸橋上的中間處停靠著一輛閃著燈的車子，好像在等人似的，這台總該不會錯了吧！沒想到走近一瞧還是槓龜，齁！說時遲那時快，只見一台騎的飛快的單車從右側呼嘯而過，而且還是身形高挑綁著馬尾的騎士，正舉起左手來和對面這向的我們揮舞，是小勇哥沒錯，那招牌馬尾錯不了。

原來他估算錯誤，以為我們是從原先預計的永靖出發，後來才知道那飯店已改作防疫旅館，原以為了不起他從大度橋附近騎單車出發，應該沒一下就追上，沒想

到追了十幾公里到龍井才追上我們，哈哈！太小看我們了，小勇哥直接過橋迴轉在下橋處等我們，久別重逢之際，當下一夥人好不開心，寒暄許久，之後小勇哥還拿出鐵馬家庭專用的Energy能量包給我們補充一下體力，還一起同框合影將照片放到那賴群上，讓同群組的其他人也好生羨慕一下，順便回顧去年底橫貫台灣武嶺的五堅情時光（當梯次因是實驗性質僅限5人報名參加），這才道別離去，原來說好的陪走一段，騎單車也算，只要有心前來加油打氣一下，對我和大義哥而言，無非是一種莫大的鼓勵和肯定，謝謝這一路來用各種方式表達你們關心與支持的大家，愛你們喔！

　　可能是有朋自遠方來不亦樂乎，樂極生悲，一時分心沒注意到導航顯示的捷徑路線，竟一路憑著三年前參加媽祖繞境的記憶沿著台1線行走，結果又多繞了一大圈，上次我就是在這條回頭路上（徒步信眾已提前抵達大甲鎮瀾宮又行折返），無緣看到媽祖鑾轎，這次可能又要擦身而過，問了一下前方迎面騎著單車過來的信眾，大甲媽到哪裡了，他們回說已經抵達今晚的駐駕地清水了，離我們今晚的下榻地沙鹿，已經是又過了一村了，唉！殘念啊。

　　之後途中還多休息了一次，到了天色昏暗之際，好不容易才走到沙鹿市區，此時路上人車擁擠，尤其不時會看到虔誠的媽祖信眾，身背令旗紙符穿梭其間，彷彿不夜城般，心想還好當初提前了十天便下訂旅宿的房間，否則今夜可能要睡車站了，隨即又穿過了大街小

巷，這才順利的找著我們的旅店「玉坤田大飯店」，隱身在巷弄裡的一處空曠處，應該是後來又蓋了新館，新舊館合併使用，我們是睡在舊館這頭，辦妥一晚要價2400元但僅一張床的入住手續後，我和大義哥便前往外頭熱鬧去，順便朝聖飯店推薦的美味晚餐「嘉鄉滷肉飯」。

果然此時店內的生意興隆，參拜朝聖的客人紛紛聞香下馬，我們點了招牌的紅燒肉，因爲打從外面進來到店這裡坐下，發現好像每張桌上都有這道菜色，當然還有少不了的滷肉飯，和香腸炸豆腐白菜滷等下酒好菜，接著又到冰箱裡自行取用了兩罐沁心透涼的台灣啤酒，痛快的舉杯暢飲一番，頓時一整天的疲憊消失的無影無蹤，用餐後，我又自行前往對面的五金百貨補充了一些隨身物品，這才返回飯店。

躺在地上的睡袋，一度輾轉難眠，心想，早上那兩位一度同行的虔誠女信徒，現在應該也追上了媽祖，正暖心的躺在媽祖的庇蔭光環裡才是！

沙鹿到白沙屯41K　小莉米民宿

一一一年四月十七日　第20天　沙鹿到白沙屯41K
小莉米民宿0935147154

　　春天後母面，來到了中部，早晚又開始涼冷了起來，可惜我的薄外套早已遺落不知何方，只能暫時把備用的薄羽絨衣拿出來應急一下了，但等等太陽出來後是絕對穿不住的，起床後我向大義哥說先外出覓食早餐了，來到街口對面的一間呷漢堡早餐店，入內點了一份愛吃的美味雞腿堡獨自享用了起來，也以賴通知大義哥相關位置，他說要再晚個十分鐘上個大號，沒問題的，我說，都已經相處20天了怎會不知他的習慣作息，之後等到兩人均用餐完畢，便開開心心的出發上路了。

　　沒想到清水離沙鹿這麼近，路上好多香客信衆也紛紛出發，朝同一個方向趕赴中，前方的遠處不時會傳來鳴放的鞭炮聲震天價響，莫非那媽祖鑾轎就在前方，我們帶著興奮的心情加快了腳程，前方已圍起路障進行交通管制，僅限行人通行，我們和那信衆已經分不清楚彼此了，唯一的差別在於我們還是自顧自的沒戴口罩。但參加遶境活動的香客信衆規定是要全程配戴著的；此時前方突然有一處人潮簇擁，不知在圍觀什麼，我們好奇的擠進去一看，唉呦偎啊，不得了，真的是大甲媽的

鑾轎在一座廟前駐駕耶，正所謂踏破鐵鞋無覓處，得來全不費功夫，沒想到三年前專程參加繞境活動反而沒看到大甲媽的鑾轎，這次徒步環島竟完全出乎意料之外給親眼撞見了，真的是天時地利人和，實在太幸運了！我興奮地到臉書發表新的動態，表示終於追上了大甲媽回鑾，好友還表示我和媽祖很有緣喔。

我向大義哥表示，既然我們已經來到了鑾轎的前方，接下來的一路上就不愁吃喝了，因為沿路上會有各地善心人士免費贊助各式各樣的令人眼花撩亂，琳瑯滿目的攤位，提供包括炒麵饅頭包子等吃的和綠豆湯仙草等冰品飲料，包山包海，果不其然，不久，篤信耶穌的大義哥真正見識到大甲媽萬人空巷的壯觀場面，簡直就像劉姥姥進大觀園似的，竟沿路好奇貪玩起來，哪邊攤位前排長長的人龍便往哪去，非得瞧瞧到底是什麼好康的玩意兒，讓我屢屢等不到他，因為實在是人山人海，尋人有如滄海一粟，沒辦法，只能縱容玩心不減的大義哥看好看滿，我逕自往前了，反正大家此時都是同一掛的，全部都是往大甲鎮瀾宮的方向走去，自然是不會走丟了才是。

我在一處萊爾富超商前的攤子停了下來，原來連超商也擺起攤來，回饋鄉親里民好吃的蜂蜜小蛋糕，這個好，我喜歡，不會湯湯水水而且容易放進背包保存一下不會壞，我一口氣拿了兩份，後來還陸陸續續拿了紅龜粿和一些鋁箔包冷飲，可以等到中午再來享用，之後沿路還是有看到一些好吃好拿的，但遲遲都沒敢再下

手，因為拿太多也吃不完，而且通通都是要背著走的，反倒得不償失，把資源留給真正需要的人才是，可我竟然看到有人是騎著機車，前面的腳踏板塞進一裡面裝滿滿的整個麻布袋，連西瓜都有，幾乎是每一攤的東西都拿，實在是有點誇張，心想這些分量縱使是冰在冰箱，一個禮拜也吃不完才是，到時候丟掉豈不可惜了，唉！人性終究是貪婪的，往往只想盡可能的擁有更多，卻沒想過，其實地球上的資源是共享的，我們都只是這地球上的過客，從來沒真正擁有過什麼，一但上了天堂，你以為的所有權，最後還是又回到了社會，反覆循環再利用，房子是，車子是，所有一切的身外之物都是！更別談要留給子孫，清朝的林則徐家訓說的可真好：「子孫若如我，留錢做什麼，賢而多財，則損其志，子孫不如我，留錢做什麼，愚而多財，益增其過」，古人真是好有智慧啊。

　　人龍蔓延持續數公里長，我混身在虔誠的媽祖信徒中，之後經過大甲溪，橋上宛若嘉年華會一般，有跑步的，騎單車的，大夥兒在橋上跑跑跳跳，群英會聚，彷彿要去參加武林盛會似的，有信眾牽著自行車，車後的令旗紙符紮的密密麻麻像棵聖誕樹，還有人手藝巧得很，竟把紙符排列折成一圓圈，像是身後背了一個風火輪，絲毫感受不到那疫情正肆虐著，每天的新增確診早已破了千例，也許大家自覺媽祖會保佑身體平安健康，過橋後好不容易沿著順天路一路走向了大甲鎮瀾宮，我在廟前自行卸下背包，想去廟裡上個洗手間，但因要量

體溫實名制等手續怕麻煩，而且人滿為患，只能暫時憋一下了，畢竟是大市區內的而且眾目睽睽，總不好又隨處便溺吧！我又折返回去，因為剛剛攤位的肉粽看起來實在是很好吃的樣子，所以也拿了一個放進背包，約莫二十分鐘後，總算是等到了大義哥抵達，只見他身上又多了個包，裡面還裝進不少戰利品，像個小孩似的，心滿意足的走過來直呼實在是太有趣了！我們又在鎮瀾宮前留下不少美照，這才終於脫離人潮，逕自又走向前往白沙屯的路上。

　　不久，又經過了大安溪，我還記得學生時期背誦的口訣：安甲肚，安甲肚，大安溪大甲溪大肚溪，是台灣中部河川由北至南的排列順序考題，以前總覺得背這些東西到底要做什麼用，現在總算是派上用場，才知書到用時方恨少，腹有詩書氣自華，人生沒有白讀的書，更沒有白走的路，每一步都算數，一切的一切，都會在將來的某一天化作養分滋養著我們；後來接近中午時分，我們來到一處路口，旁邊就是那小七超商，索性就地午休，免得這接近濱海的路段，沿路商家並不多見，錯過不再，於是入內買了枝冰棒啃，同時從背包裡拿出大甲媽的愛心平安餐享用起來。

　　午後再上路，大義哥見路旁有一家大型賣廉價批發服飾的，便在後面吆喝起來：「建明，你不是想買一件薄外套嗎？」對吼！還是大義哥機靈，每次只要跟他說缺什麼，他便會四處幫你留意張羅著，有他真好！我挑到一件自己很喜歡的，且厚度剛好也合適的運動針織薄

外套，竟然才賣400元，好便宜啊，而且感覺質料還不錯穿起來意外得舒服，真的是跟著大義哥走就對了，頭上的迷彩遮陽帽也是，當初在屏東只賣一百塊；之後走著走著來到了經國路2000號，心想這應該是台灣數一數二，沒有分段別的道路最長的街址了吧！先前我知道的有桃園春日路好像也高達1800多號之類的，沒想到這條路最後竟一路向下延伸到2740之5號，算是開眼界了！

　　台灣整體而言，靠近山線會比較發達些，濱海的海線還真是有點荒涼，若以國道來區分，國1會比較熱鬧一些，國3則較為的鳥不生蛋，尤其此刻的海線又比國3來得更靠海一些，我們僅是不斷的一路前行，兩旁盡是荒山野嶺感覺沒什麼新鮮景致，但同樣是海線，相較起來早上可熱鬧多了，還真是靠沿途的廟宇撐起一片天，大甲的鎮瀾宮是，白沙屯的拱天宮也是，近年來白沙屯的粉紅超跑更是席捲全台，每年參與繞境的人數不斷的再創新高，今年聽說是520起駕，到時候再看看是否有機會朝聖一下了。

　　除了今晚的小莉米民宿早已事先訂好外，我們的旅程還有兩晚乾脆也先訂一訂，於是新竹的合悅都會商旅和中壢的歐遊國際旅館也一併去電訂好訂滿，應該沒有再什麼意外才是了，但歐遊說兩張床的房型較少，需要先預付訂金500元才能保留房間，唉！真麻煩，但旅行在外可不能嫌麻煩，免得到時候要打地舖睡車站，於是便在一處休息點旁的超商用ATM轉帳進去，這才安心的再出發；沿途經過一有趣的橋名叫「房裡橋」，我此時邊走邊差點兒

笑出聲來，心想有什麼事情在那房裡是喬不定的，但就怕
完事後事過境遷，過河拆橋，聽說人在走路放空時，創意
鬼點子等靈感較多，果真，什麼都可以歪樓，之後又走過
了苑裡通霄兩個車站，路兩旁的餐館商家很多都已關門大
吉，尤其是那餐飲業，這兩年受疫情之苦早已撐不下去，
但山不轉路轉，路不轉人轉，是我這一路跋山涉水，徒步
走來的心得，畢竟天無絕人之路啊！有時候不是路已走到
盡頭，而是該是時候轉彎了。

在經過一段荒郊野外，人跡罕至的捷徑後，總算是
又接回了台1縱貫線，不久，來到一處廢棄的秋茂園，
秋茂園這名字好像台南附近也有，記得國高中時期那
青春無悔的歲月裡，曾和異性友人去玩過，也是在海
邊，早些年我開車走西濱南下路過此處，還特地好奇的
進去瞧瞧，想找回一些當年青春無敵的蛛絲馬跡，沒
想到，裡面是那早已棄置許久觀光樂園，盡是一些業已
斑駁剝落的雕像，如唐三藏騎著白馬赴西天取經，或八
仙過海的鐵拐李與呂洞賓，甚至有點時空錯亂的國父銅
像，和東西混雜的耶穌基督，再不就一些神話人物，有
些姑娘的雕像在當時天色陰沉昏暗的情況之下，竟顯得
有點可怕，加上附近又有野狗出沒，讓我當時一度驚嚇
差點奪門而出，所以此時再次路過自然也是意興闌珊，
之後又經過鐵馬家庭單車環島的停駐點「台鹽通霄觀光
園區」，裡面可新穎有趣多了，但我們不是觀光團自然
也是快步經過，只想趕快抵達白沙屯車站附近的小莉米
民宿，原本以為來到白沙屯便可以一探拱天宮的究竟，

但發現今天並不會抵達，而且也不會在明天經過的路線上，所以應是殘念了。

　　馬路兩旁幾乎連建築物都沒有，僅偶而會出現一些坐落在海線的宮廟，加上又是接近一天行程的尾聲，體力幾已耗盡，而且腳下疼痛難耐，只想心無旁鶩一路快馬加鞭的趕路，總算來到前方右轉兩百公尺便可抵達下榻民宿，走近一看，差點沒暈倒，竟是一陡峭斜坡，短短的兩百公尺霎時竟有如兩公里遠，由於體力已放盡，加上放眼望去一公里內，也僅此眼前這家商家有賣吃的，於是等到大義哥後打算先用晚餐再進民宿；走進店內卸裝剛坐下來時，只覺腳底的水泡處頓時有如千刀萬剮般的劇痛，平常走的時候還沒甚麼感覺，因為店內提供的菜色不多，隨後便一拐一拐，幾乎快要用單腳跳的走向前，跟店家點了兩碗白飯加上一兩道下酒菜輕易的解決了晚餐，只要有啤酒一切都好談，這才稍稍養足了一些體力，前往斜坡上的民宿走去，萬萬沒想到，這竟是我事後最為大推，真正有用心在經營的民宿，費用還算合理，兩張床的兩人房含早餐要價1900元。

　　我們氣喘吁吁地爬上一個接近30度的瘋狂陡坡，以為便要到，沒想到竟是峰迴路轉又一圈，一坡還比一坡高，搞的我和大義哥都覺得，一定非得要這麼折磨人嗎？好不容易總算到了民宿門口，心想這應該就是，是一棟三層樓高的方正民宿，按了聲門鈴沒人回應，一度還誤以為是走錯間了呢，但反應雖然是慢了點，終究有人出來應門，是民宿老闆親自出來迎接，見我們

風塵僕僕一副歷盡滄桑模樣的徒步裝扮，也沒打算多打擾我們，便請他太太直接帶我們上二樓房間，親切的老闆娘一一向我們介紹洗衣脫水和晾衣場地後，便放我們獨自在二樓，走下去作為居家使用的一樓，同時提醒非有必要生人勿近，另外隔天早上六點請準時下樓至飯廳吃早餐，還說早餐相當豐盛一定要下來吃喔，之後我稍事歇息後便出來房門外頭晃晃，只見二樓有兩個房間和坐廳，還有陽台擺放著菸灰缸很適合我這類的癮君子使用，三樓還有兩三間房可提供住房休憩，整理的相當乾淨舒適，然看樣子今晚又被我們給包下來了，並不見其他房客，除了一樓的老闆夫婦外，

　　我們於是早早上床，也沒再外出了，因為外頭方圓兩公里內杳無人跡，況且我們也不想再爬一次陡坡了。

　　手機裡兩年前的救國團中橫健行群組此時捎來訊息，是早先答應路過新竹時要來陪走一段的小鳳哥，說他明天早上會從新竹搭上5：31的區間車來到民宿對面的白沙屯車站，抵達時6：18，太棒了！終於又有人願意來陪走了，自從蘇花的第六天後，便只剩我和大義哥相依為命到現在，我喜孜孜地告訴大義哥此陪走資訊，同時表示因語焉不詳，所以不知最後究竟是兩人要來陪走還是僅一人，反正隨緣啦，只要有人願意來陪走都很歡迎，因為通常聽到一天要走40公里便退避三舍，這還是第一次有人願意全天全程陪走，實在是感謝小鳳哥的情義相挺，當然以他的體力而言絕對是沒有問題的，沒多久，我便帶著微笑睡去了。

白沙屯到新竹40K　合悅都會商旅

一一一年四月十八日　第21天　白沙屯到新竹40K
合悅都會商旅03-5234499

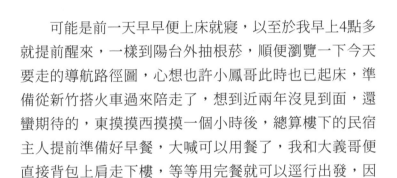

可能是前一天早早便上床就寢，以至於我早上4點多就提前醒來，一樣到陽台外抽根菸，順便瀏覽一下今天要走的導航路徑圖，心想也許小鳳哥此時也已起床，準備從新竹搭火車過來陪走了，想到近兩年沒見到面，還蠻期待的，東摸摸西摸摸一個小時後，總算樓下的民宿主人提前準備好早餐，大喊可以用餐了，我和大義哥便直接背包上肩走下樓，等等用完餐就可以逕行出發，因為和小鳳哥約六點半準時開走。

一進到飯廳，我和大義哥便被桌上琳瑯滿目的菜色給震懾住，天啊！這根本是滿漢全席嘛，大義哥更形容是皇帝般的待遇，不但那餐桌上的擺盤精緻講究，我細算了一下竟高達十二種菜色，除了有那香腸青菜煎蛋外，也有一般的清粥小菜如筍絲脆心鹹蛋麵筋等等，主食是一大鍋軟嫩適中的地瓜粥，同時還有一籠看起來十分鮮嫩可口的小籠湯包，香蕉兩根，飲料的話除豆漿外，一旁也有現煮咖啡，這兩個人根本吃不完嘛，老闆說盡量吃，吃不完也沒關係，我想他們經營者自有辦法處理才是，兩人便開始囫圇吞棗般的碗筷直扒，此時聽

聞大義哥是軍人背景，老闆這才說，他也是中校退伍的
軍人，早期太太是在原址開補習班，因爲教學認眞深獲
學生家長肯定，生意很好，以至於海線周遭附近8成以上
的學生都到這裡來了，當時準備被派駐外島的老闆兩相
權衡下，這才辦理退伍，回家幫忙太太教學以外其他相
關事務，直到後來少子化，這才轉型爲民宿的經營。

　　我深深覺得夫妻倆很用心的在經營民宿，完全要讓
客戶有賓至如歸的感覺，他們眞的擄獲吾心，眼前這一
桌菜色佳餚便是最佳證明，而且民宿主人就是要和客人
打成一片，談天說地，也才會有回頭客。

　　總算吃到肚子再也撐不下去，加上時間也差不多，
小鳳哥的班車應該也到了，我們這才再三致謝向兩位主
人告別辭去，說有機會一定再訪，果然，才出門口，便
看見小鳳哥正從山坡下走上來，對我們直揮手，哎呀！
眞是開心，我還記得兩年前參加救國團中橫健行六十周
年紀念復刻版，當時一度覺得高山症發作，頭痛欲裂，
止痛藥已塞了好幾包仍不見緩解，直至晚上11點多，好
心的小鳳哥還體貼的起來幫我做頭部深層按摩，最後才
能順利入睡，當時育有三寶的他還帶上其中一對寶貝兒
女參加，一家子都是極爲活發可愛，戰力十足的夥伴，
此次能有機會再次聚首，也眞是感謝他的情義相挺，肝
膽相照啊！一行人初步寒暄後，來到白沙屯車站，小鳳
哥叫我不必開導航了，來到他的地盤跟著他走就對了，
接著我們隨即脫下一早起來穿上的防寒外衣，裡面是前
一晚便說好的，要穿同一件當時救國團贈送的粉紅短T，

此時中橫健走的感覺也跟著回來了，我們同框合影自拍同時將照片上傳群組，好多當時一起健走的夥伴也紛紛留言回應好生羨慕，可真是有趣呢！

　　小鳳哥先是帶我們走上一荒山野嶺的羊腸小徑，稱說是捷徑，在那上頭隱約可看見一旁捲起白色浪花的海岸邊，以及一根根擎天佇立在海邊的大型風力發電機，聽說每一根造價不斐，均要價上億以上，之後還經過一處叫「媽靈宮」的廟宇，正莊嚴的坐落在一旁是棵巨大的榕樹下，廟宇屋頂上的雕梁畫棟栩栩如生，氣宇非凡，果然，沒多久便接上台61西濱快速道路；身高近180，手長腳長的小鳳哥在前領走，還不時幫後頭的我們拍照留影，我們一路逆向的走在機車慢車道上，好應對一旁速度飛快的車子呼嘯而過，之後我示意小鳳哥5K該休息了，但因快速道路上沒甚麼合適的休息空地，他才接著說再往前約一兩公里有一處陸橋下，有些賣茶的攤子，他和兒子有時會騎腳踏車經過，一旁有椅子可提供休息，於是便遵照他的指示繼續往前，沒想到，走了快7K，好不容易到了之後，不知是否因周一休市還是疫情關係，總之就是事與願違，攤子沒開，只能就地在路邊席地而坐，但至少在陸橋的下方處相對安全許多，精力十足的小鳳哥一時還停不下來，說他不信邪，要再去附近找找看吃的喝的，但最後還是鎩羽而歸，看樣子受到疫情影響的層面之鉅，總是讓人一而再，再而三的跌破眼鏡。

　　再次上路後，我一度超車小鳳哥想掌握行進的節

奏，前方兩台自行車迎面而過，我們對彼此互道加油，身後的大義哥本來還緊跟在後，但此時已不見蹤影，小鳳哥說要不要等他，我說沒關係，他最後總是會跟上的，況且也就這條路，事後傳訊才得知，原來剛剛的那兩台自行車竟是大義哥的車友，從花東時便在提了，說對方人也正在騎單車環島中，沒想到，總算在此碰頭了，寒暄了好一下子，請我們先走沒關係，他會盡快跟上，於是速度在伯仲之間的我和小鳳哥便開始一路的聊開了。

他問起我為何這麼早退休，我這才向他說起爸爸罹癌之事，總想有多一點的時間可以陪伴他度過那難捱的化療階段，我也同時問起他的家人，他說常會和小孩一起騎單車從新竹回到後龍的老家探望年邁的父母，也間接讓小孩學會孝親之道。

人在竹科上班的小鳳哥，是科技新貴，很受老闆賞識器重，但他也很重視自己的休假權力，即使業務再繁忙，每年幾乎都還是會向老闆請個兩三周以上的假，帶著心愛的家人全家出國旅遊或進行國內的各種登山健行活動，讓小孩在課業學習之餘也能增長其他見識，兩年前帶著其中一雙兒女小嘉和小境一起參加中橫五天健行便是一例，真是愛家顧家的新好男人，讓我自慚形穢，兒子女兒都叫不動，更遑論參加登山健行了；我們聊著各式各樣的話題，談天說地無所不聊，就連兩岸三地的政經情勢也不放過，我大言不慚的分析著，最危險的地方就是最安全的地方，全世界都認為台海是下一個繼烏

俄戰爭後的最危險地帶，但台灣自力更生發展了護國神山群，供應了全球9成以上的半導體晶片，全世界都不能少了台灣，除非大家甘願冒著經濟大蕭條的風險，因為不管是電腦手機或是車用電子到萬物聯網，通通少不了最重要的晶片，於是美中兩強鷸蚌相爭之下，台灣反倒坐收漁翁之利，也只能如此想了，真有戰事反正哪裡也去不了，逃到哪裡都是次等公民不是嗎？

　　邊走邊聊著，前方橋上的中段處突然停下一台機車，一旁的騎士似乎拿起手機在偷拍我們，走近一瞧，他才大方表示，見我們一行人好像是在徒步環島的樣子，好酷喔！我這人就是耳根子軟，聽他這麼一說，於是我們也大方的讓他拍個夠，接著繼續走著，來到一處休息點，等著後方遲至的大義哥，經小鳳哥一解釋才知，原來這是一處製作廟堂宗祠等宗教用品的展示區，難怪路旁怎麼會出現東一個西一個的小廟或金爐等之類的，後來三人顧不得旁人觀感，也只能陸續在馬路一旁荒煙漫草的隱蔽處就地便溺了，因為連最近的超商都遠在五公里之外，之後好不容易在小鳳哥的指引下，暫時離開西濱公路，右轉前往五百公尺遠的小七超商，若單單我和大義哥是絕對不可能發現隱身在離大馬路五百公尺遠的休息點的，此時覺得有他真好。

　　午休時，大家各自點了些自己愛吃的輕易地解決了，小鳳哥此時提議，晚上抵達新竹下榻飯店後，乾脆到他家去，他隨便弄個幾道菜大家喝兩杯盡興一下，我當下也只能恭敬不如從命的再三致謝了，不但熱情前來

陪走，最後還請吃飯，果然是兄弟，大義哥也不客氣的
表示叨擾了，隨後大家便各自午睡，就連小鳳哥也不
例外，應該是累了，一早還說怕今天體力用不完捏，
切～。

　　下午再出發，還是一樣的西濱公路，馬路兩旁仍是
大同小異的景致，但風勢顯然變大，果然是新竹風，基
隆雨，俚語講的真是一點兒不差，小鳳哥今天還一路充
當起導覽員，沿途不斷在介紹各處景點，這邊是苗栗的
後龍溪，那裡是內湖的白雲橋和再過去一點兒香山的豎
琴橋，一旁的里程指標顯示距離台北已不到100公里了，
真不敢相信我們竟然已經走了八百多公里，突然好想回
家喔！離家已經21天了，應該沒多少人可以一次離開家
這麼久，更何況我還是那愛家第一名的巨蟹座，剛剛途
中還經過「老鍋休閒農莊」，想起女兒小學時的戶外教
學，我還特地請假陪她來這兒學習體驗製作米粉貢丸，
讓此時的我更加想念女兒了！也難怪有人說過「21天
效應」，通常是一個新習慣或新理念養成的一道檻兒，
過了這道檻，也許才有機會脫胎換骨，突然對自己喊了
聲：加油！撐過就是你的了。

　　好不容易走著走著，總算是準備脫離西濱公路，
我們在一處名為「風情海岸」的立碑前短暫停留合影留
念，同時等後方約五百公尺的大義哥靠攏過來，之後走
「美山聯絡道」重新接回了台1線，在一處公車亭作十分
鐘的休息，因為我實在是尿急再也忍不到還一公里遠的
小七超商了，於是便直接在公車亭後方撒野，他們兩人

見狀也紛紛如法炮製，因爲尿意是會傳染的，哈哈！此時突然有一雙載機車在公車亭前方停了下來，還當場掏出手機來，讓我一度驚嚇，以爲就要被拍照檢舉隨地便溺，沒想到後方的女乘客竟拿起隨車攜帶的掃把奮斗作勢打掃清潔樣，原來應是公車處外包的清潔人員正在拍照留影存證，假裝眞的有實地在清潔打掃，這才發現社會上還蠻多這種裝模作樣混口飯吃的行業，也難怪後續會產生像台鐵太魯閣號失事的假日施工違法情事，因爲連稽查工作都是擺擺姿勢拍照，做做樣子而已，唉！不提也罷。

最後打算一鼓作氣，直接走七公里至下榻飯店，小鳳哥則提前在一岔路口分道揚鑣，因爲他要先趕回家做飯菜好晚上招呼我們，我順著導航的指示，進入市區直抵合悅都會商旅，這才發現好像半生已過，從來都沒進過新竹市區，沿路都是很陌生的街景，尤其是剛剛經過的市區內竟會有天公壇如此壯觀莊嚴之大廟，讓我印象深刻，之後入內辦理一晚要價1300元的入住手續，打算先行盥洗淨身完再前去小鳳哥家晚宴會比較妥當，洗完之後離約定時間還有一下下，我利用這段空檔，打算前去耳聞已久的新竹城隍廟朝聖，因爲離飯店僅一分鐘路程，而且我長這麼大還沒去過，這次總算剛好可以來見識見識。

時間有限，我快速的小跑步前往，在城隍廟口自行拍照留影，和我腦海裡想像的不一樣，原來這全台知名的廟口也不過如此爾爾，原先還以爲很大呢，隨後進

去廟口內的商家參觀一下，看看有甚麼好吃好逛的，米粉貢丸就不用了，因為等等就要吃晚飯，本來想吃碗剉冰綠豆湯的，但因商家生意太好還要排隊等候因而作罷，繞了一圈，看來看去還是廟口牌坊下面的第一家賣白糖粿的最為令人食指大動，於是買了兩根，一根準備留給大義哥嘗鮮，沒想到竟意外的好吃，在我吃過的白糖粿裡最美味的一家，香甜滑嫩又不失Q彈口感，連大義哥之後也稱道好吃，後來開車來接我們的，竟然是小嘉和小境兩姊弟，我開心的向他們倆問候說：「好久不見！」是啊，開車的姐姐小嘉此時大方的表示她駕照已拿到一年多了，我的觀察，以女孩子來說，她的開車技術算是很穩很不錯，弟弟小境一樣是那麼的熱情有勁帶點調皮，車上寒暄著約莫半小時不到，便來到他們的新家了，因為聽說才剛搬來不久。

從地下室經過層層關卡，總算是進入高樓層有著極佳視野的家中，入內一看，是挑高的樓中樓設計，室內裝潢布置的美輪美奐，飯廳內超大的木製方桌上已經擺上幾道香噴味美的拿手好菜，小鳳哥此時仍在廚房忙著上最後一道料理，我和大義哥已被兩姊弟招呼著先行就座等候，不一會兒，那擔任老師的嫂子也從容不迫的走下樓來，之後大夥兒一起開心地享用小鳳哥的愛心大餐，接著還拿出珍藏許久的自製梅酒，香甜濃烈的好滋味令人差點就要貪杯起來，客廳旁大片的落地窗，可遠眺一旁空軍基地的戰機起落則是飯後餘興節目，就這麼閒話家常，叨擾許久，這才起身準備離去，不知是否喝

多了酒的大義哥，竟還意猶未盡地說起笑話故事，看樣
子是賓主盡歡，皆大歡喜啊！這才又接送我們返回旅
店，結束這令人無比懷念與感恩的一天，由衷的感謝這
熱情的一家人。

第22天
新竹到中壢36K　歐遊國際旅館

一一一年四月十九日　第22天　新竹到中壢36K
歐遊國際旅館03-4920099

　　清晨不到5點醒了過來，便躡手躡腳的下樓，深怕吵醒別人，一樓大廳入口處櫃台值班的女櫃員精神倒是很好，沒打瞌睡，正專心的滑著手機，可能是值大夜班習慣了，見我外出經過，抬起頭來瞧了我一眼，旋即又低下頭繼續盯著手機，我到外頭騎樓旁點上一根菸，抬頭看看天空，雲層很厚，正飄著細雨，看了一下手機裡的氣象預報，果然全天是雨天，看樣子今天勢必要雨神同行了，但心裡面已經很感激，對於老天爺這一路以來的陽光普照其實已經是給足了面子，原本期待小鳳哥今天搞不好還可以陪走一天，但看這天氣應該是無緣了。

　　又點上了第二根菸，心想，打從一開始也不知道自己能走到第幾天，但走著走著，竟也來到22天，很接近台北了，雖然一路上大部分在急行軍，努力完成當天的里程，但是過程中也出現很多有趣好玩的事，如人飲水，冷暖自知，點滴在心頭，生活的目的從來不是終點，而是過程本身。

　　我在大廳泡了一杯咖啡邊喝著，邊滑著手機，等旅店叫的外送早餐送抵，是一位媽媽，說店內人手實在不

足，以至於晚了五分鐘送來，實在感到抱歉，我拿了兩份上樓，跟此時已經起床的大義哥說今天下雨喔，之後兩人用完餐一切就緒後，便穿起雨衣，頂著風雨依舊是風塵僕僕的上路了。

　　很快的穿過了昨天拜訪過的城隍廟，和一處圓環後，因正值上班尖峰時段，路上通勤的人車擁擠，途經馬路旁的多所學校，莘莘學子們正背著書包撐著傘，魚貫的往校門口快步走去，不知道究竟是趕著上課還是趕著躲雨，之後便走出了市區，順利接上了刻意繞外環道過市區的台1線，但沒過多久，過了一座車水馬龍的橋面後，導航顯示要繞道小徑直切湖口鄉，旋即又脫離了緩不濟急，需繞一大圈的台一線，雨此時愈下愈大，連已穿著剛買的薄外套都還覺得有點冷，頭頂上的遮陽帽儼然已變成遮雨帽，一整個濕透了。

　　之後走的是「竹14」縣道，路幅不大，加上雨勢滂沱，高架橋下方涵洞的路面還一度積起水來，我企圖跨越過去想走馬路的另一側，但因穿著涼鞋，鞋襪依舊不敵的積滿沙土，感覺腳丫和鞋子之間隔著一層厚厚的泥，只能邊走著邊以食指穿入鞋縫挖土，免得腳底板又要起新的水泡，下雨打亂了該有的休息時間，因為沒遮風避雨的地方，只能選擇繼續前行，沒想到後來導航顯示需在一處左轉，一看竟是陡升的山路，我一度難以置信的走過頭，存心刻意的忽略，心想不會吧！但最後確定沒錯，的確是要爬山，這才想起開車走國道北上經新竹湖口時，確實有一段爬升坡，但畢竟是車子在爬，不

覺得竟是如此的一整座山頭，最後和大義哥也只能硬著
頭皮上了。

　　地圖上顯示著是「117」縣道，我稍微躬身前傾的沿
著蜿蜒的山路，使勁的逆向大步爬著，路上人車不多，
但偶爾在彎道處仍會有汽機車急駛而來，也只能盡量的
靠邊行走，避免嚇著別人，理論上，在此山路應該是未
曾見過那徒步的行人，幸好我不是身穿白衣，否則在這
雨驟風狂，視線不清的荒郊野外，只怕是見著鬼了，好
不容易在一彎道處出現雜貨店的影子，心想總算是可以
稍微休息歇腿一下了，哪知老闆娘還真像見著鬼一般立
馬大聲喊道：「ㄟ！你不可以進來喔！」原來不是看到
鬼，而是彷彿看見一隻大病毒出現般，唉～只能說疫情
真的是重創了人與人之間的信任，我趕快回說，那給我
一瓶舒跑和罐裝伯朗咖啡，同時問說可以在一旁屋簷下
卸裝休息個十分鐘麼，我們在徒步環島啦！老闆娘這才
首肯，和隨後跟上的大義哥總算是有得遮風避雨的休息
片刻，我隨即脫下雨衣透氣吹涼一下，因為那又悶又濕
的輕便雨衣早已和薄外套水乳交融，黏成一塊了，大
義哥因非輕便雨衣穿脫較為不易，索性未卸裝直接休息
著，我付了錢接過老闆娘手遞過來的，馬上灌了半瓶舒
跑，把剩下的半瓶接著倒入水壺，再喝掉罐裝咖啡，然
後逕自走到店後方的木瓜樹下點上一根菸，大口吞雲吐
霧起來，隨後再至一旁邊坡草皮下解放撒野一番，只道
痛快不已，這才總算恢復了一下體力，整裝準備繼續出
發，同時謝過老闆娘，此時大義哥說他走得比較慢已先

行上路，走在前頭了。

　　約莫又走上兩三K，總算是橫過山頭來到了一般的平路，此時前方的大義哥邊走邊指著一旁大面積的圍牆說是那陸軍湖口訓練中心，果不其然，莫非他有鴿子般的自動導航系統，因為之後部隊營區大門緊接著出現眼前，我們在路邊一間好不容易才出現的超商作再次停留，大義哥這才正式卸下全身裝備，同時脫下雨衣，入內上洗手間，我也在超商外頭的大面玻璃窗前卸下一身的行頭，此時餘光隱約出現一名女性外勞正從店內靠窗的座位區端視著我，看什麼看，沒見過帥哥嗎？唉唷，原來人家是在對著鏡頭視訊啦，誤會一場，十來分鐘後再次著裝，大義哥仍是請我幫忙他拉下卡著背包的雨衣，這才順利上路；之後經過一處名為「中興公園」，坐落在一轉彎處的大片綠地，不久前方縣道準備再次匯入台1線，眼前突然出現龐然大物的武器，原來是那戰車公園，只見一台台前方有著巨大炮管，身形龐大，威面八方的戰車在馬路邊坡上的園區展示著，此時雨勢稍緩，大義哥一時興起竟擺出豪邁的架式，請我幫他在戰車前美拍一番，這才甘願放過，順利的接回台1。

　　雨勢並不打算停下，時而細雨綿綿，時而風強雨驟，我們一路沿著台1線逆向走著，馬路一旁的田野窪地積水已滿溢出來，宣洩不及，接近中午時分，好不容易逆著風前行，才來到另一地的小七準備午休，我注意到旁邊有一家自助餐館，生意好像不錯，於是和大義哥把一身行頭先行卸在超商外頭靠牆，然後走向前光顧；餐

館內提供的菜色還不錯，我們逕自挑選了幾道喜愛的菜色，在僅剩的唯一空桌坐下，大快朵頤了起來，此時突然有一男子委身向前靠近，十分客氣的細聲說著：「我可以和你們一起坐嗎？」想當然爾，可以說不嗎？那人見我們一身勁裝，竟主動聊開了，你們在徒步環島喔！好厲害喔！因為是有點怪怪的男生，當然最主要因為是「男生」，我意興闌珊的回了幾句，自顧的扒起飯來，一副愛理不理的樣子，我已經算吃的快了，沒想到他吃的更快，比我們晚坐下來吃卻比我們早吃完，然後端起他吃剩的空盤用陰柔的眼神說著：「真不好意思，打擾你們了，我吃完了先告退了，謝謝！」見此狀我吃進的飯差點全數吐了出來，只道那天下之大，果真無奇不有，大白天的活見鬼了，之後便回到超商午睡一下驅走惡夢。

　　下午準備再出發，雨依然下個不停，但我們絲毫不覺得累，一心一意只想快馬飛奔，希望趕快走到中壢休息，明兒個就可以回到那台北，因為離家真的是太久了，我依然幫大義哥拉下背後的雨衣然後上路，沒多久便來到「湖口老街」，我隨即向後方的大義哥指了一下示意著，因為這是我們鐵馬家庭單車環島的休息停駐點，老街裡面有一個三元宮，當時帶隊的寶哥還整座廟宇從裡到外介紹得一清二楚，包括主祀三官大帝，是客家傳統信仰，連出入口的左青龍右白虎，以及梁柱上雕畫的典故，莫不詳盡的一一介紹，當時心想，想當領隊也是得做足好一番功課啊！

　　接下來的台1線幾乎沿著北勢溪而走，不過我們是靠著左方的山壁一路逆向前行，滂沱的雨勢讓視線能見度不佳，車子幾乎是近百公里時速的從身旁呼嘯而過，我們小心翼翼但仍快步的走著，也不知是否中午喝多了還是怎的，竟一路尿意頻頻，不時要在山壁的凹陷處就地解放，不是我就是大義哥，兩人輪番上陣著，心想還真是給走到膀胱無力了，短短的一個多小時竟沿路尿了三、四次，難道是外頭的雨水會滲進皮膚，真是怪了！好不容易經過了楊梅，來到一處國道的交流道附近，路上開始人車壅塞，而且因為上高速公路的車子都在加速中，讓我這逆行的徒步者逼不得已也只能小跑步應對了，否則可能當場被撞的人仰馬翻。

　　雨勢總算漸漸地停歇，但我的涼鞋一整天下來早已卡滿了厚厚的淤泥，著實不利於行，只能利用馬路上面一灘灘乾淨的積水稍微清理一下，只見馬路中間有人竟蹲下來洗鞋子應該蔚為奇談吧，但也顧不了這麼多了，萬一到時候進汽車旅館，人家見我一腳爛泥，不肯讓我進去怎麼辦，我可也是千百個不願意啊！不久後又經過了埔心車站，總算是來到了今晚的下榻地「平鎮」，很接近中壢了，我和大義哥三步作兩步沿著騎樓旁的人行道走著，有時候當騎樓或人行道出現路障，心急的我便直接往馬路上走，此時因正值下班尖峰時段，以至於機車通勤族在紅燈停等區，有時會看見一人逆向穿梭於車陣當中，但我可不是賣玉蘭花的喔。

　　天色漸黑，華燈初上，一旁的按摩店此時引起了

我極大的興趣，好想進去馬兩節，將全身的痠痛一掃而光，但又怕人家嫌全身酸臭，只好作罷繼續前行，接著看見路邊一家阿沐餐廳，往內一看，外頭的庭院綠草如茵，餐廳裡面燈光美氣氛佳，總算是有重回人間的感覺了，很想一頭栽進去，大快朵頤一番，但隨即又拉回現實，還是先到下榻的歐遊國際連鎖精品旅館再說，拐了個彎，總算是瞧見前方兩百公尺遠那極具規模，氣派非凡的旅店蹤影，我刻意的放慢速度好接駕大義哥過來，隨後一起進了汽車旅館車道入口的接待區，只見一清新可人但個頭不高的年輕女服務員走了出來接待，心想，她應該從沒見過那客人是徒步走進來汽車旅館的，而且是兩個男的，一個是阿北，一個是老阿北，我趕快主動報上姓名，說前兩天有先預訂而且已經先付訂金了，她這才找到訂房紀錄，同時卸下心防的聊開說：「你們在幹嘛呀？」

經我的一番說明後，她這才驚呼：「徒步環島，好厲害喔！」沒錯，我們可不是一般的阿北喔，早上才從新竹走過來的，話題一開，連裡面的另一女的也走了出來加入對話說：「我只有走過一天的媽祖繞境呢！」大義哥見狀，趕緊拿出手機裡的照片炫耀著回說：「我也有喔！」整整聊了好一下，之後才多拿了兩瓶水和房卡，朝通往3樓房間的電梯間走去，電梯裡也要感應房卡才可以啟動，應該是防止那妻子帶著警察抓猴（抓姦在床）防範用的，到了三樓走出電梯，拐了個彎往那房間廊道上走去，一看，媽呀！這是外太空的未來旅店吧，

　　感覺是有著流線造型的廊道上燈火明滅，若有似無，乍隱乍現，打開房門，更是驚呼連連，果然是一個男歡女愛，享受翻雲覆雨，魚水之歡的好所在，唉！只可惜有著兩張床，而且身邊是個男的，我和大義哥對於這一晚只要1890都覺得實在是太划算，大義哥接著往後頭推開隔門，走進了跟房間幾乎是一樣大的浴室，看到還有著偌大的按摩浴缸，便說他晚上要好好的泡一個舒服的澡，但我只想趕快先沖個澡，接著把那一身的髒衣襪和滿是淤泥的鞋子給沖洗乾淨，和兩面均已濕透的輕便雨衣一起給晾掛起來，然後下樓享用最後的晚餐，沒錯，今晚就是旅程的最後一夜了。

　　我們前往就在馬路對街轉角上的一間享享鍋物用膳，從窗外望進去，裡頭早已高朋滿座，我們一走進去，馬上被招呼到後方僅剩不多的空位坐下，各自點了喜愛的主菜，接著享用它的飲料冰品吃到飽自助吧，大義哥顯然是想大快朵頤一番，因為他點了道海陸大餐，我則是點了盤加大的牛五花，因為還想喝它的綠豆湯和吃它的明治冰淇淋吃到飽，沒多久立馬上了菜，兩人便暖呼呼的開始享用起麻辣燙，席間，大義哥還向他的寶貝女兒主動報平安，說道明兒個就回到台北了，現在正在吃鍋物呢，之後我問大義哥說要不要再叫個啤酒來喝，他回說實在是太飽了，算了！好吧，反正明天中午還有機會舉杯慶祝一下，這才心滿意足地回到旅店休息。

　　果然，當晚大義哥整整泡了一個多小時的澡，應該

是把皮都泡皺了才善罷甘休，讓期間一度仍有尿意想上
洗手間的我，還得要下樓到外頭的人行道邊就地解放，
可想而知那按摩浴缸有多舒服了，最後，不知道一向晚
睡的大義哥是不是又做了例行性的香功，我迷迷糊糊半
夢半醒之間，又起來上了一次廁所，這才終於睡死，結
束了最後一夜。

第23天
中壢到台北37K　可愛的家

一一一年四月二十日　第23天　中壢到台北37K
可愛的家

　　因爲我本人住新莊，所以今天預計只走到新莊的捷
運站便提前收工，這早在23天出發前便預計如此，從新
店出發，在新莊結束，全程約920公里故意省略掉新莊
新店段的20公里，因爲我覺得台北市沒什麼好走的，一
方面是交通尖峰實在繁忙，有別於其他縣市，另一方面
是台北市我早已走過無數趟了，從忠孝東路一段走到七
段來回20公里（可不是動力火車的「忠孝東路走九遍」
喔，因爲我沒有失戀），或是民權西走到民權東，甚至
於南京東西路，信義路，敦化北到南，幾乎可說是合縱
連橫了，也因此今天總算可以晚點出發，好整以暇的享
用旅館提供的早餐自助吧，沒想到一早起床下樓，雨依
然下著，難道最後一天還得要雨神同行嗎？果眞如此那
也沒法度，只能照單全收了，餐廳因爲也在三樓，離我
們的房間很近，所以時間一到，我和大義哥便往餐廳衝
去，心想應該是第一組光顧的客人，怎奈一進門，裡面
已經有一組情侶檔在用餐了，莫非他們一夜激戰到天
明，直接殺過來。

　　自助吧提供的早餐菜色樣式之多，超乎預期，中西

式合併可說應有盡有,而且部分料理還用精緻的擺盤盛裝,令人有在高檔餐廳用餐的感覺,我和大義哥都直呼還好有留下來吃,否則真是虧大了,我們整整吃了快1個小時後才打算離去,此時那對情侶也不知是否與飯店熟識之類的,竟還請服務員幫忙裝盒外帶,只見他們幾乎是外帶了將近四、五人份,好誇張喔,但反正業者沒意見又干我們何事,是吧!回房沒多久,我們便整裝同時穿上了雨衣,全副武裝在雨中上路了。

還好雨勢並不大,依照導航的最近路線指示,我們快速地穿過一些巷弄,接上了「113」縣道,但旋即又轉入「110甲」,來到了中壢,咦!眼下好熟悉的街景,走近一看,這才發現沒錯,原來是我之前服務券商的中壢分公司,這個據點我在擔任財管顧問時有輔導過一陣子,以前總是七早八早便從新莊開車過來中壢,要趕著分公司八點的早會,好對業務同仁進行教育訓練作簡報,記得去年剛退休下來時,我在這分公司的直屬部屬小美還開玩笑說:「甚麼時候到中壢外巡啊(當時董事長每年都要到各據點外巡做業務視察)!」我回說別鬧了,但表示有機會一定回去看看他們,此刻不正是大好機會,看了看手機,還沒到開盤的業務繁忙時間,索性便與大義哥說請他在一樓門口等等我,我上三樓一下去去就回。

帶著幾分忐忑的心,我直接走向櫃台,裡面的同事我幾乎都還叫得出名字,但因為我早已曬得面目全非,加上一副流浪漢的樣子,身穿輕便雨衣,手持健走

杖，頭戴幾乎全遮的遮陽帽，緊接著以口罩覆嘴，一時之間竟沒人認得，我只能主動先向他們招手示意問好說道：大家早安！回來看看你們，這才總算是有人從我僅剩的迷人眼睛認了出來，我沿著營業櫃檯走過去，向他們一一道早，他們得知我正在徒步環島紛紛表示訝異，其中一位老同事還說難道他昨天開車經過楊梅時，曾看見兩人在徒步，原來就是你們喔！沒錯，正是在下本人我，另一位此時因疫情期間在樓下等，在和他們短暫互動的過程一度引起一些騷動，也是臉友之一的小美這才發覺從理財室走出來說：「你來啦！」我回說：「而且是很有誠意的走來的唷！」寒暄了一下後，她還幫我在櫃檯前的營業大廳美拍留作紀念，這才跟大家道別離去，沒想到下樓來，見大義哥竟也不得閒，在跟銀行門口前擺攤賣羊奶的小姐聊的正起勁兒呢。

　　在繼續往台北前進的路上，我心想，總算是完成了個當初說要回去看看他們的心願，因為我是南部長大的小孩，南部人說有機會一定怎怎怎的，就代表真的是有機會，至少七、八成以上的可能，但我的觀察，北部人說有機會一定怎怎怎的，可能多半是客氣話，成真的機率不到兩三成，信不信由你！雖然我早已算是半個北部人了，待在北部的時間比南部久，果然幼時的養成教育和長大的性格息息相關，難怪經典裡頭的《三字經》開宗明義即道：「人之初，性本善，性相近，習相遠，苟不教，性乃遷」，我這時又想起晚一點兒走台1甲的路上，好像也會經過另一家桃園分公司，這一家是我服務

過最久的據點,和同仁們的感情也最深刻,退休後的不久前還特地到桃園參加他們的聚會餐敘呢,其中的很多位同仁都還是我的臉友,有在關注我的臉書動態,知道我正在徒步環島中,當下心想,好!就這麼決定,等等經過時順道也上二樓拜訪問候他們一下下,給他們一個出奇不意的驚喜。

在前往桃園的路上,雨勢總算漸漸停歇了下來,終至天明,我隨即褪去雨衣,一路的靠左逆行,馬路旁的人行道不時會出現一些外勞的蹤影,可能是在這附近的科技大廠擔任作業員之類的,這才想起台灣的科技業現在幾乎都是三班作業制,全年無休,而且這年頭的這時間會在縱貫線大馬路上行走的人,除了外勞移工以外,台灣人還真是不多見了,我快馬加鞭的經過他們前進,不久後經過了內壢車站,還有因疫情聞名的部桃醫院,來到了桃園的武陵高中前,之前說要找地方上廁所的大義哥早已被我狠拋在後數公里遠,我打算在此休息等候他靠攏些,原來這裡就是知名的明星學校武陵高中啊!朝聖一番後正吞雲吐霧之際,此時突有一名中年女子自一旁社區走出,見我一身徒步勁裝,好奇的向前主動攀談起來,我這才說正在徒步環島,是第二十三天,今天便可走回到台北,她續問道:「你不用上班喔!」我又回:「去年滿五十歲退休了。」那打算開啟什麼事業的第二春啊?之後沒完沒了的問著,此時我已灌了不少水,突有尿意,打算趁機尿遁,問她一旁的超商有洗手間嗎?她回說不清楚,她也剛好要去超商,於是我走進

超商東張西望一番就是沒瞧見洗手間，於是作罷走出，剛好也走出來的她便提議我去他們社區的警衛室借用，我趕忙謝過並回說打算找加油站上就好，這才終於擺脫得以繼續前行。

　　隨後來到台1線接近27K處準備切入台1甲的重要岔路口，我用賴提醒大義哥要走台1甲往桃園火車站的方向，他兩分鐘後回覆告知剛通過台1線28K，看樣子他已經追了上來，差距不到1公里了，我繼續在馬路上快步奔馳著，隨後來到了最熟悉，當初投入最多心血的分公司樓下附近，一時觸景傷情，過去職場上的光景一一浮現，一年多前，我不惜據理力爭，積極爭取從原先內勤研究方面的職務，再次的調回輔導分公司財管業務，當時便迫不及待地來到這家分公司，彷彿重獲自由之身，得以大口呼吸到外頭的新鮮空氣，沒想到才不過一年，竟人事已全非，然而，此時此刻的我再次來到這裡，早已從職場退下，成為真正的FIRE族（Financial Independence Retire Early，財務自由提早退休），已是活出全然的自由之身了，江山自在遊，千里任我行，然天外有天，一切仍需等到蓋棺才能論定，我快步的上樓推開門，走進去大廳裡一一的跟過去的同袍戰友問好致意，果然，在沉悶無趣的盤面下引發了一些小躁動，老同事們見到我一身徒步曬得黝黑的喬裝打扮，紛紛感到既詫異又好笑，雖然當中有人知情我正在徒步環島當中，我像蜻蜓點水般的隨即下樓走去，畢竟是盤中時間不好攪擾太久，點到為止就好，心意最重要，沒過

多久，陽光甚至露出臉來，彷彿在準備迎接我們的凱旋歸來，我走到一處小七超商前停了下來打算在此午休，不一會兒，大義哥也總算趕到了。

一入內，見這家門市竟有提供現釀生啤酒吧台的座位區，一時見獵心喜，心想可以和大義哥好好的狂歡慶祝一下，沒想到店員竟回說機器壞了，很抱歉，只好至冰箱取用兩罐金牌台啤聊表心意，飽餐一頓後，想說各自午睡一下，一向好睡的大義哥自然馬上睡去，但我沒睡著，因為一旁座位區有兩位女性外勞正開心地聊著，好像也在慶祝什麼事似的，有時想想，還蠻羨慕他們的及時行樂，聽說有些外勞的薪資要按周發放，免得他們一拿到錢便花光光，而且我發現有些外勞的手機都是拿最新型的Iphone 13，上次還讓一位路上幫拍的外勞教我使用AirDrop的藍芽配對分享，因為用我的手機拍出的背光效果奇差，但外勞的手機有自動補光的功能，所以她好心的用她的手機幫拍後直接分享給我，果然人人都是那蘋果手機達人。

下午再出發，大義哥便一路奔抵捷運迴龍站，沿途都沒再休息了，我在龜山的一處準備下坡前休息時，被他刷卡超了車，但我上路後又不小心刷回，兩人彷彿歸心似箭，沿著蜿蜒崎嶇的山路神行快走，恍若山魅，不一會兒，總算下山來到了平路，此時又尿急，但一連進去了幾家超商門市，均因疫情暫停對外開放洗手間，只能憋著，畢竟這裡是市區大馬路的，人車熙來攘往的不好就地方便，而且已經來到自己的地盤，萬一被熟人看

到豈不該糟，前方終於看見那新北市界的立碑，內心一時百感交集，眼淚差點兒便要奪眶而出，始于新北，終于新北，我終於可以大聲的說：「我用一雙腳凸歸呆丸（台灣的諧音）啦！」

每個人心中都有一塊看似遙不可及的聖地，縱使用盡一生的時間，竭盡洪荒的氣力，也要想方設法去觸碰到它，我的台灣徒步朝聖之路，耗時23天，全程900公里，累積走了123萬步，終於順利完夢，過程雖然很艱苦，但結果卻很甜美。

我和隨後抵至的大義哥在捷運站前請人幫忙拍照，想留下完成徒步環島的英雄勇士之姿，但那趕捷運的小夥子，可能本身的美感不佳，竟把捷運站的排風口也給拍了進去，不喜歡，於是又找了另一位本身看起來就是美感的人伸出援手，這才總算是滿意一些，趕忙把照片上傳臉書還有幾個健行的賴群組，一時之間，如雪片般飛來的祝喜道賀聲擠爆了留言區，果真星空不問趕路人，歲月不負有心人啊。

我和大義哥接著互道珍重後會有期，於是在此分道揚鑣，然我們都很有默契地沒上捷運站，因為天色還早，打算徒步走回家，把欠的債給清一清，我還跟大義哥說下次有好康的再找你，嚇得大義哥趕忙澄清，這算哪門子的好康？之後，我望著他的背影，漸行漸遠，感覺有點不捨，但心裡面也總算落下了顆大石頭，畢竟，怎麼樣我也算是領隊，組員能夠平安的踏上歸途返家，我也才能心安理得，回家睡個安穩的好覺，大義哥往台1

甲方向一直走到了台北車站，也是台1台9線我們主要幹道的起始交會點，整整補了15公里遠，我則是走台1的二省道回家，補了六公里，因為二省道周邊近日大拆遷，準備進行大面積的都更，沿路盡是整地廢墟，此時我尿意也已憋得夠久了，趕忙至一旁隱密處趁四下無人之際，這才終於得解，舒心暢快。

　　途經一處新莊在地的路名，竟和新竹小鳳哥的名字不謀而合，我特地拍照上傳中橫健行群組，小鳳哥還幽默了一下說：「走到我的地盤了！哈哈！」沿路邊走邊想，我的徒步環島壯舉，真心感謝這一路上四方好友的接待招呼與加油打氣，有你們真好！下午五點二十分，總算是走回到家，打開23天許久未進的家門，好好的感受一下家的溫暖之後，隨即向大義哥報平安，說我已平安抵家，此時大義哥回說：「好的，我還在三重的中興橋上。」直到晚上八點，大義哥這才捎來訊息說道：「我到家了，謝謝你的一路關照，終於讓我得以堅持的走完全程。」

寫在最後

　　隔天一早，照例送女兒上學後，我趕在八點前又在運動公園補上了7公里，這才總算把第十七天缺掉的15公里，至少給補了13公里起來，問為何要大費周章的趕在早上8點前，這樣才依然可以大言不慚的說是在二十三天內完成，因為我們第一天是早上八點出發啟走的，但仍是少了2公里，只能歸類為統計學上3%以內的誤差，已達到97%以上的信賴區間了，別忘了，我是學統計的，懂得如何自圓其說，但求無愧於心。

　　再隔天，我寫了篇關於徒步環島的後記，同時上傳到群組和臉書，大體是包括如何的起心動念以及號召成軍，這部分我在作者序裡已有提及，沒想到被直誇厲害，非但能走路還能寫心情故事，小良哥也過獎的說我能說能做還能寫，這些的讚美鼓舞了我兩個月之後，決定要寫一本書同時付梓，期待能與更多的人分享我徒步環島的心得，也從那天開始，我固定每天早上7公里，日走一萬步，持續的健走強身，接著便埋首於筆電前四、五個小時進行創作，還以幾乎吻合23天徒步環島的速度，一天約莫紀錄寫下半天的行程，最後剛好花了46天完成此書，K大還誇我是不折不扣的行動派呢。

　　活了72歲的教育家孔子說的好：「吾

命。」回顧我這一生，確實相當的吻合一致，15歲國中畢業之前，我的在校成績向來都是全校名列前茅，但進入高中後，因當時原生家庭不睦，致結交損友，誤入歧途，一度還荒廢學業，翹課離家，以至於後來休學了半年，重念高二，所以高中整整念了四年，三十歲時，我因和待了四年多的原公司文化理念不合，之後被挖腳至其他券商，一切又歸零從頭開始，然這不正代表真正的自力更生，隨時可以另立門戶，獨立自主的開始嗎？到了四十歲理應不惑之年，卻反而遇上了中年危機，不但生理上有長期偏頭痛之累，精神上也飽受失眠與壓力的折磨，以至於又留職停薪了半年，在家休養生息，再復職後原來的主管職已被罷黜，一切又重新歸零，人生果真不易，可真是苦不堪言啊，但是危機也是轉機，幸與不幸皆存乎一心，天堂與地獄僅一念之間，也因為這些苦難與折磨，讓我真正體會到《心經》裡頭的：「行深般若波羅蜜多時，照見五蘊皆空，度一切苦厄。」同時也讓我真正學會財富管理的眉角，於五十歲達成財務自由提前退休，探索半生，彷彿終於知道了自己的天命所在，自渡渡人。

　　盤點了一下這一生的本職學能，我想我的本命應該是教育家，訓練家，從我學生時期的擔任家教工作，畢業後求職考試前一年在國中文理補習班擔任數學老師，服兵役時以兵代士擔任訓練士的體能戰技課表安排，進入職場後不斷的精進金融理財相關專業，教育客戶也教

學相長，後來的擔任主管職，訓練員工業務開發的本能與技巧，直到最後，是以輔導業務同仁及相關教育訓練，甚至獨挑大樑的客戶說明會的職務離開職場，幾乎清一色離不開教育，也離不開訓練，這不就已清楚說明，我的天命在此。

春耕，夏耘，秋收，冬藏，大自然裡幾乎有生命的萬事萬物，都脫離不了要符合四季節氣，依時而生，於是乎，我的人生下半場，似乎漸行漸明，我在50歲這年的春天裡徒步環島（未來只要有機會就成團），鍛鍊體魄，夏天裡戮力筆耕，埋首讀寫，秋天裡出書分享，期待收穫，冬天裡韜光養晦，休養生息，然後日復一日，年復一年，周而復始，以此開啟我的第二人生，直至終老，這才是真正的退而不休，安養天年，否則現代人一旦退休，經常不知所措，彷彿一輩子被人從背後推習慣了，突然沒人推了，一時之間身心不知如何安放，才發現人是相當矛盾的動物，原本欣欣嚮往，日夜盼望的退休生活，也只不過是從一個牢籠跳掉另一個牢籠罷了，反倒回頭想著有人推的日子。

2014年的電影《露西》，是少數好萊塢國際等大片以台灣為主要拍攝場景的電影，包括台灣地標101大樓，晶華酒店和大稻埕等台北的鏡頭共出現在螢幕裡近1個鐘頭，連台灣李安導演的兒子李淳和知名藝人邢峰以及阿KEN等人，也紛紛躍上國際大螢幕參與此劇的拍攝，劇情裡受劇烈的益智激素毒物刺激以至於大腦開發程度接近百分之百的女主角露西（史嘉蕾喬韓森主演），在近

乎超能的情況之下已完全洞察了宇宙間的奧妙，但也同時瀕臨了死亡，最後問科學家山謬諾曼教授（摩根費里曼主演）她應該怎麼做時，教授給了一個非常高贊的回答，也就是人類最偉大之處在於「分享」，最後露西將她全然開發的大腦智慧轉化為一只未來的隨身碟遺留給後世做為研究，最後消失於無形，問她現在人在那兒，她回說：「I am everywhere!（無所不在）」，故事嘎然結束。

如今，平凡如我，也希望能藉著出書分享心路歷程，與世人共享走路的美好。

111年8月8日

國家圖書館出版品預行編目資料

我那23天的徒步環島 台灣朝聖之路／曾建明
（Mike）著. --初版.--臺中市：白象文化事業有
限公司，2022.11
　　面； 公分
ISBN 978-626-7189-27-6（平裝）
1.CST: 臺灣遊記 2.CST: 徒步旅行
733.69　　　　　　　　　　111015045

我那23天的徒步環島　台灣朝聖之路

作　　　者　曾建明（Mike）
校　　　對　曾建明（Mike）
發 行 人　張輝潭
出版發行　白象文化事業有限公司
　　　　　　412台中市大里區科技路1號8樓之2（台中軟體園區）
　　　　　　出版專線：（04）2496-5995　　傳真：（04）2496-9901
　　　　　　401台中市東區和平街228巷44號（經銷部）
　　　　　　購書專線：（04）2220-8589　　傳真：（04）2220-8505
專案主編　黃麗穎
出版編印　林榮威、陳逸儒、黃麗穎、水邊、陳婷婷、李婕
設計創意　張禮南、何佳諠
經紀企劃　張輝潭、徐錦淳、廖書湘
經銷推廣　李莉吟、莊博亞、劉育姍、林政泓
行銷宣傳　黃姿虹、沈若瑜
營運管理　林金郎、曾千熏
印　　　刷　基盛印刷工場
初版一刷　2022年11月
定　　　價　330元

白象文化
www.ElephantWhite.com.tw
印書小舖
PressStore出版超簡單
出版・經銷・宣傳・設計
自費出版的領導者
購書 白象文化生活館